U0360990

LAW OF
ADVERTORIAL

王 钰◎著

机械工业出版社
CHINA MACHINE PRESS

自媒体时代的互联网营销正在返璞归真，重回"内容为王"的正轨，曾内涵模糊的"软文"亟须重新定义。本书在"软文"与"硬广"间进行了明确的区分，基于原创性的"软文思维"5W1H分析法，提倡媒体人用做策划的立场想软文，用做产品的态度写软文，不断提升自身的"软素质"，并以软文创作全过程为主轴，手把手传授了完成优秀软文作品的实操方案。

本书案例丰富，实践性强，是自媒体时代网络内容营销的必备指南。

图书在版编目（CIP）数据

软文法则／王钰著. — 北京：机械工业出版社，2018.1

ISBN 978-7-111-59178-8

Ⅰ.①软… Ⅱ.①王… Ⅲ.①市场营销学 Ⅳ.①F713.50

中国版本图书馆 CIP 数据核字（2018）第 031133 号

机械工业出版社（北京市百万庄大街 22 号　邮政编码 100037）
策划编辑：刘林澍　　　　　责任编辑：坚喜斌
责任校对：赵　蕊　　　　　版式设计：张文贵
责任印制：常天培
北京圣夫亚美印刷有限公司印刷
2018 年 3 月第 1 版第 1 次印刷
145mm×210mm・6.125 印张・2 插页・94 千字
标准书号：ISBN 978-7-111-59178-8
定价：49.00 元

前　言

在新媒体时代，编辑似乎成为了最炙手可热的职业，但却也成为了最不被人重视的职业。由于网络信息数量的爆炸式增长，包括自媒体在内的各类媒体对编辑的需求大大增加，但编辑入职的门槛却也随之降低到了"会写文章"的程度。

这是一个误区！编辑之所以被设置为一个专门的职业，就是因为其工作内容中涉及许多系统化的理论。以软文这种受到新媒体青睐的广告形式来说，其不仅仅是简单的"文章+广告"，文章主题确定、广告植入方式选择、过渡部分撰写等都存在着一定规律，绝非外行人能随意运用的。

如今市面上有关软文的图书大都对这些规律绝口不提，而是一味地堆叠模板。软文作者在使用这些模板时，就像"套公式"一样，很容易造成"邯郸学步"的结果。每位作者的写作习惯与文章风格都是不同的，每家媒体也都有自己独特的受众群体，因此一个个具体模板完全无法满足每位软文作者的需要。

在这一背景下，方法论的优势便不言而喻了。如果把每个模板都看作一个公式，那么方法论就是推导方式。与其对公式死记硬背，用的时候一个挨一个地寻找，不如学会公式的推导方式，轻松自如地面对每一个问题。具体来说，掌握软文写作的方法论可以让作者抛开模板，使用系统的理论撰写出令人满意的软文。这也是本书的写作初衷。

本书将以方法论为主，按照软文撰写步骤循序渐进，与你一同讨论软文的写作技巧。书中内容将本着"长话长说、短话短说、要事多说、闲事少说"的原则，对重要内容进行详细剖析，对容易理解的内容一笔带过。此外，对于一些理论要点，本书将会尝试以"可视化"的方式用图表展示出来，力争优化阅读体验。

我们将全书分为三个部分：第一部分将介绍一些概念性内容，如"软文思维"与分析软文的"六何法"等；第二部分将真正着手进行软文撰写，如前所述，这一过程将抛弃常见的模板分类模式，以写作步骤为主要脉络；第三部分将涉及软文实际撰写工作"系统之外"的相关内容。

换言之，除撰写软文的部分外，本书还将涉及排版、想象力训练、素材积累等与软文写作密切相关的其他内容，希望可以对读者的日常工作提供帮助。而附录部分将收录一些实用的网址，以方便读者的拓展学习。

实在不敢奢望本书可以为读者带来什么新的智慧，只希望做个牛溲马勃之材，揭示某些新的思路。

此外，如果读者希望与其他编辑进行交流、对本书提出意见或建议、参加更多相关活动，欢迎加入"写作者营地"QQ群（群号：583227729），验证信息是本书书名"软文法则"。

我们群里见！

目 录

Contents

第**1**部分

重识软文

01／ 打破思维定势

天下之至柔，驰骋天下之至坚。

——《道德经·四十三章》

给你一个写软文的理由

如今，软文越来越受到人们的关注，特别是在新媒体领域，软文大有超越硬广，成为主要广告宣传手段的趋势。在这个时代，软文撰写能力已经成为内容提供者的重要素质之一。如果你还为自己为什么要撰写软文而犹豫，不知道下面这个理由能否说服你。

软文将"杀死"硬广

很幸运，我们生活在一个阅读载体与阅读内容均面临变革的时代，一个属于内容提供者的时代。这种机遇以"百年难遇"来形容也并不为过，因为两者上一次共同变革发生在被法国作家维克多·雨果大加赞誉的 15 世纪。

雨果在《巴黎圣母院》一书中提到："书将杀死建筑。"他认为，在约翰内斯·古登堡发明金属活字印刷术前，建筑是人类艺术创造的主要表达方式。15 世纪以前，雕刻、绘画，甚至诗歌、音乐等艺术作品都以建筑艺术为载体，以建筑物为表现形式。随着金属活字印刷术的出现，印刷行业的效率大大提高，成本也随之降低。此外，由于其便利性远胜建筑，书籍成为人类表达艺术创造的新方式。其他艺术形式也相继从建筑艺术中剥离，或独立，或与书结合。最终，书"杀死"了建筑。

虽然雨果用"杀死"描述书与建筑的关系，但在此后的日子里，两者仍并行不悖，只是作为新的载体，书承接了建筑曾经的部分功能。不过，这种承接的确从内容和载体两方面重新定义了我们接收信息的行为——阅读。

时间来到 21 世纪，我们大可仿照雨果的结论做出判断：移动互联网将"杀死"图书。

历史总是惊人地相似，21世纪引起阅读变革的根本原因与15世纪完全相同——便利性。历史正在重演，阅读将再一次被重新定义，移动端阅读以其随时随地、便于携带等优势，承接起图书的部分功能。除便利性外，碎片化、短篇化等原因增加了读者对阅读对象数量的需求。需求刺激供给，移动传媒迎来了快速发展时期，自媒体的时代正式到来，每个人都可以成为内容的提供者。随着不同行业的内容提供者加入自媒体大军，阅读内容也涉及了各个行业和各种观点，网络上一片百家争鸣的景象。

面对阅读载体与阅读内容的同时变化，广告商自然也不会落后于时代，开始积极转变广告营销方式。在这个新媒体时代里，广告商正在利用移动互联网内容定制化的特点，逐渐以软文承接硬广的部分功能，进行产品和品牌的宣传。换言之，在移动互联网"杀死"图书的大背景下，软文将"杀死"硬广。

因此，撰写软文成为了内容提供者的必备能力之一。然而，撰写软文并非简单地将广告直接添加在内容中，其更像设计一款产品。因此，撰写软文并非易事。不同品质的软文所产生的效果可谓天渊之别。一篇差劲的软文很有可能适得其反，因为差劲的软文会引起读者的反感，无异于救经引足。

主动权的争夺战

《说苑·敬慎》中有一则广为人知的故事。

常摐有疾，老子往问焉，曰："先生疾甚矣，无遗教可以语诸弟子者乎？"常摐曰："子虽不问，吾将语子。"常摐曰："过故乡而下车，子知之乎？"老子曰："过故乡而下车，非谓其不忘故耶？"常摐曰："嘻，是已。"常摐曰："过乔木而趋，子知之乎？"老子曰："过乔木而趋，非谓敬老耶？"常摐曰："嘻，是已。"张其口而示老子曰："吾舌存乎？"老子曰："然。""吾齿存乎？"老子曰："亡。"常摐曰："子知之乎？"老子曰："夫舌之存也，岂非以其柔耶？齿之亡也，岂非以其刚耶？"常摐曰："嘻，是已。天下之事已尽矣，无以复语子哉！"

常摐问老子为什么牙齿掉光了而舌头还在，老子表示，舌头因其柔软而仍在，牙齿因为坚硬而掉光。这与如今软文与硬广的关系十分相似。特别是在移动端，人们在一个页面的停留时间有限且阅读速度较快，因此硬广的内容往往会被直接"划过去",很难给读者留下深刻印象,更不要说获得点击量了。在这种情况下,软文的优势便突显出来:用户根据个人偏好点击文章并进行阅读,因此,文章中的广告内容将对用户产生潜移默化的影响。换言之,较之硬广,软文"内容+广告"的形式更容易被读者接受。

究其原因,硬广的机制是在流量大的页面进行投放,让更多人看到,并争取获得点击量,是一种"守株待兔"的被动机制。软文的机制则是通过内容吸引读者,在文章中加入广告元素,让读者在阅读过程中不自觉地获取广告信息,是一种"反客为主"的主动机制。

举例来说,当读者在手机上看到广告栏的图片后,很可能会直接略过。除非广告是读者感兴趣的内容,其才有可能稍作停留,如果特别感兴趣才会点击进去。不难看出,这一过程的主动权完全掌握在读者手中。而如果将广告放在文章中,由于读者是主动点击进行阅读的,出于对文章内容的兴趣,其读到广告部分后,为保持完整的阅读体验,会继续阅读下去。这种情况下,只要吸引读者点击进入文章进行阅读,主动权就已经移交至作者和广告商手中了。对此,读者只能感叹:"读到一半的文章,有广告也要读完!"

因此，软文的撰写过程就是一场与读者的主动权争夺战，文章品质越高，作者和广告商就越容易占据主动权。

撰写软文的"独孤九剑"

在本书中，我们将一改按类型分析软文的传统模式，以软文的撰写过程为主线，循序渐进，挖掘其中的诀窍，实现"天下之至柔，驰骋天下之至坚"的目标。在此之前，我们需要了解一下软文教程类图书的现状。

对于软文教程类图书，很多朋友表示，目前多数教程类图书均按软文类型分类并进行分析，提供不同行业的软文模板。按行业分类的好处是可以为读者提供快捷便利的借鉴资料，但是，这种快捷便利的方式并不利于软文写作能力的培养。孟子曰："尽信书，则不如无书。"一个个软文模板就像数学公式，如果读者一味地照搬套用，难免出现文章结构同质化的情况，直接影响软文品质。这种模式着眼于"怎么写"，却忽视了"写什么"。"怎么写"关乎结构，"写什么"则关乎内容。

正所谓："授人以鱼，不如授人以渔。"以软文撰写过程为主线的好处是可以帮助读者明确"写什么"，即掌握软文写作的方法论，使其可以应付各种情况，最终撰写出独特的高品质软文。这种模式下，内容成为撰写软文的核心要点，结构则无须过于关注。举例来说，这种模式就像金庸小说中的独孤九剑，"等到通晓了这九剑的剑意，则无所施而不可，便是将全部变化尽数忘记，也不相干，临敌之际，更是忘记得越干净彻底，越不受原来剑法的拘束"。

为体现完整的软文撰写过程，我们将按照本书所示步骤完成一篇**关于本书**的软文。换言之，我们将按照每部分的进度，分别写出该软文的每个片段。在所有步骤介绍完毕后，我们会把所有片段整合起来，最终形成一篇完整的软文。

请注意，本书中的步骤仅供参考，如在最后进行标题撰写等顺序均为个人习惯，你也可以按照自己的喜好调整顺序。无论孰先孰后，每部分的要点都是不变的。因此，只要对软文的"剑意"了然于胸，步骤对你来说就会成为一个无伤大雅的"程序"。无论是先撰写标题，还是先撰写文章主体，都不会影响软文的品质，软文的品质只与软文内容有关。

内容方面，我们将分别从软文撰写的前、中、后三个阶段来分析软文的"剑意"，并以"为本书撰写软文"作为贯穿全书的主线案例。在一切开始之前，我们需要先明确一些概念。也许你会觉得这些概念的实用性远不及写作技巧，但其却如同独孤九剑的"总诀式"，是写出高品质软文的根本所在。毕竟，如果思维方式不做出改变，其结果将与照搬套用毫无二致。因此，在正式开始软文写作之旅前，我们会谈及"软文思维"、广告、作者身份认同等问题。而一切的基础，要从培养"软文思维"说起。

培养"软文思维"

在这个时代里，也许你已经听过太多的"思维"，并对这个词产生了"抗性"。归根结底，我们近些年听到的种种"思维"，均指不同于以往的系统化思考方式。当然，"软文思维"也不能免俗。下面，让我们看看"软文思维"是怎样炼成的。

明确软文的本质

在介绍一个事物时，通常都会先介绍其定义。不过，介绍软文的定义似乎并没多少必要，我们不如探讨一下软文的本质。

说到软文的本质，也许很多人认为是可读性。在这种思维下，软文作者通常会将精力放在如何提高文章的可读性上。我们必须承认，提高文章的可读性非常重要，因为这决定了软文品质的好坏，但高可读性并不是软文真正的本质。可读性是文章的重要属性，却不为软文所特有。以文体为例，记叙文的本质是叙述，议论文的本质是论述，说明文的本质是阐述。那么，软文的本质到底是什么？或者说，软文区别于其他文章的属性是什么？其实答案非常简单，就是"广告"。软文的本质是一种广告形式，"文章"只是服务于广告宣传的工具，是广告的载体。

我们如此强调软文的本质，意在明确写作目的，打破思维定势，不以单纯写文章的态度撰写软文，毕竟软文就是以文章为表现形式的广告。软文作者只有明确自己正在撰写的文章是广告，才能做到有的放矢，不至于把软文写成一篇纯文学性的文章。因此，我们也可以认为创作软文就是设计广告。

明确软文本质和写作目的非常重要，正如《孟子》中《弈秋诲二人弈》的故事一样。

弈秋，通国之善弈者也。使弈秋诲二人弈，其一人专心致志，惟弈秋之为听；一人虽听之，一心以为有鸿鹄将至，思援弓缴而射之。虽与之俱学，弗若之矣。为是其智弗若与？曰：非然也。

弈秋是一个善于下棋的人，他在教两个人下棋时，其中一人专心致志听弈秋的教诲，另一个人则认为一会儿将有天鹅飞过，总想拿弓箭去射天鹅。毋庸置疑，后者的棋艺不如专心致志的人，撰写软文也是如此。诚然，提高可读性对任何一篇文章来说都是不容忽视的，但对于软文，我们要做到"不忘初心"。或者说，至少在构思文章时要专心考虑广告问题，然后再推敲文章内容，切忌三心二意。

构思文章时若不注意体现广告元素，最终的作品可能是一篇好文章，但不会是一则好广告，更不会是一篇成功的软文。值得庆幸的是，虽然很多软文作者并没有意识到这个问题，但其在实际创作过程中确实遵循了这一规律。不过，较之这种无意识行为，我们最好做到未雨绸缪，刻意加强"广告意识"，紧抓软文本质，撰写出既有可读性，又不失商业价值的文章。

如能做到这一点，那么恭喜你，你已经开始用"软文思维"看待文章了。

加强"广告意识"

每篇文章都有自己的目的，我们从小学开始就被训练寻找这一目的，即提炼文章主旨。在加强"广告意识"后，我们可以试着换个角度审视文章，即发现文章的"弦外之音"。而能否发现文章的"弦外之音"，关乎软文作者的广告敏感度。开始探讨这一问题前，先让我们读一篇非常熟悉的文章。

环滁皆山也。其西南诸峰，林壑尤美，望之蔚然而深秀者，琅琊也。山行六七里，渐闻水声潺潺而泻出于两峰之间者，酿泉也。峰回路转，有亭翼然临于泉上者，醉翁亭也。作亭者谁？山之僧智仙也。名之者谁？太守自谓也。太守与客来饮于此，饮少辄醉，而年又最高，故自号曰醉翁也。醉翁之意不在酒，在乎山水之间也。山水之乐，得之心而寓之酒也。

若夫日出而林霏开，云归而岩穴暝，晦明变化者，山间之朝暮也。野芳发而幽香，佳木秀而繁阴，风霜高洁，水落而石出者，山间之四时也。朝而往，暮而归，四时之景不同，而乐亦无穷也。

至于负者歌于途，行者休于树，前者呼，后者应，伛偻提携，往来而不绝者，滁人游也。临溪而渔，溪深而鱼肥。酿泉为酒，泉香而酒洌；山肴野蔌，杂然而前陈者，太守宴也。宴酣之乐，非丝非竹，射者中，弈者胜，觥筹交错，起坐而喧哗者，众宾欢也。苍颜白发，颓然乎其间者，太守醉也。

已而夕阳在山，人影散乱，太守归而宾客从也。树林阴翳，鸣声上下，游人去而禽鸟乐也。然而禽鸟知山林之乐，而不知人之乐；人知从太守游而乐，而不知太守之乐其乐也。醉能同其乐，醒能述以文者，太守也。太守谓谁？庐陵欧阳修也。

欧阳修的《醉翁亭记》作为一篇知名课文，其主旨在于"以景衬乐"。文章从滁州山水写到醉翁亭，点出"醉翁之意不在酒，在乎山水之间也"，接着以山间四时引出"滁人游"，最终言明"太守之乐"。

不过，用我们之前所说的"广告意识"看待这篇文章，似乎可以有不同的解释：这篇文章可以作为宣传欧阳修在滁州政绩的软文。也许你觉得这有些牵强附会，但仔细想想，这篇文章不正是一篇标准的软文吗？

文章开篇介绍滁州的风景，然后又描绘滁州百姓的民俗活动，用现代的眼光来看，好似一篇旅游攻略。而直至文末，读者才会发现，滁州一片祥和景象皆因有一个"醉能同其乐，醒能述以文"的好太守。不仅如此，我们还可以用被广泛流传的软文"黄金比例"来衡量这篇文章。文章前 50% 的内容介绍滁州的风景，并说明太守和醉翁亭的关系；中间 40% 的内容描绘滁州百姓出游的景象；最后 10% 的内容用一"醉"一"醒"让人们了解到"庐陵欧阳修"的大名。看来，这篇文章在结构上很符合软文的要求。

必须承认，这样分析的确有过度解读之嫌，但软文就是如此，软文作者必须善于发现潜在广告元素，并在撰写软文时先读者一步，部署好广告、内容、结构等元素，充分发挥软文的广告功能。换言之，"广告意识"是一种锻炼"软文思维"的方式，也是"软文思维"的基础所在。下一步，我们将继续挖掘"软文思维"，谈谈在"广告意识"影响下的"软思考"。

学会"软思考"

如果说"广告意识"是一种进行思维锻炼的方式，那么"软思考"就是"广告意识"的逆向思维，也是"广告意识"在软文创作过程中的实际应用。通俗地说，"广告意识"是"把文章看成广告"，而"软思考"则是"把广告写成文章"。

我们提到过，每篇文章都有自己的目的，如《醉翁亭记》中，欧阳修的本意在于道明"太守之乐"，因此文章目的在于抒怀，我们只能通过对"广告意识"进行过度解读，寻找其中的广告元素。下面，让我们再一起读一篇非常熟悉的古文，这篇文章不同于《醉翁亭记》，其有着很浓厚的"广告"意味。

先帝创业未半而中道崩殂，今天下三分，益州疲弊，此诚危急存亡之秋也。然侍卫之臣不懈于内，忠志之士忘身于外者，盖追先帝之殊遇，欲报之于陛下也。诚宜开张圣听，以光先帝遗德，恢弘志士之气，不宜妄自菲薄，引喻失义，以塞忠谏之路也。

宫中府中，俱为一体，陟罚臧否，不宜异同。若有作奸犯科及为忠善者，宜付有司论其刑赏，以昭陛下平明之理，不宜偏私，使内外异法也。

侍中、侍郎郭攸之、费祎、董允等，此皆良实，志虑忠纯，是以先帝简拔以遗陛下。愚以为宫中之事，事无大小，悉以咨之，然后施行，必得裨补阙漏，有所广益。

将军向宠，性行淑均，晓畅军事，试用之于昔日，先帝称之曰能，是以众议举宠为督。愚以为营中之事，悉以咨之，必能使行阵和睦，优劣得所。

亲贤臣，远小人，此先汉所以兴隆也；亲小人，远贤臣，此后汉所以倾颓也。先帝在时，每与臣论此事，未尝不叹息痛恨于桓、灵也。侍中、尚书、长史、参军，此悉贞良死节之臣，愿陛下亲之信之，则汉室之隆，可计日而待也。

臣本布衣，躬耕于南阳，苟全性命于乱世，不求闻达于诸侯。先帝不以臣卑鄙，猥自枉屈，三顾臣于草庐之中，咨臣以当世之事，由是感激，遂许先帝以驱驰。后值倾覆，受任于败军之际，奉命于危难之间，尔来二十有一年矣。

先帝知臣谨慎，故临崩寄臣以大事也。受命以来，夙夜忧叹，恐付托不效，以伤先帝之明，故五月渡泸，深入不毛。今南方已定，兵甲已足，当奖率三军，北定中原，庶竭驽钝，攘除奸凶，兴复汉室，还于旧都。此臣所以报先帝而忠陛下之职分也。至于斟酌损益，进尽忠言，则攸之、祎、允之任也。

愿陛下托臣以讨贼兴复之效，不效，则治臣之罪，以告先帝之灵。若无兴德之言，则责攸之、祎、允等之慢，以彰其咎；陛下亦宜自谋，以咨诹善道，察纳雅言，深追先帝遗诏，臣不胜受恩感激。

今当远离，临表涕零，不知所言。

同样作为知名课文的《出师表》可谓是一篇不折不扣的软文。诸葛亮想借此篇文章宣传的内容十分明显——申请出兵北伐，因此通篇文章皆服务于此。

在分析文章细节前，让我们继续用软文的"黄金比例"来看看这篇来自三国时期的软文结构如何。文章前50%的内容分析了蜀汉所处形势及内部情况；借中间40%的内容诸葛亮回顾自己与先帝刘备共同打拼的过往，表明自己的责任之重及北伐的重要性；最后10%的内容直接提出北伐申请，并表明决心。可见，这篇文章的结构也与软文的"黄金比例"相契合。

接下来，让我们站在诸葛亮的角度正式以"软思考"来分析《出师表》。我们已经明确了撰写文章的目的——申请出兵北伐，下面，我们需要考虑如何藏锋敛锷，将这一目的深埋在文章之中。

想要蜀汉后主刘禅同意北伐，就要让其知道出兵的重要性，而作为先帝遗愿的"复兴汉室"无疑是一个不错的理由。那么，为什么要提出"复兴汉室"？因为这是蜀汉自建立以来从未改变过的战略方针，但此前内忧不断，无法实现此战略。如今南方已然平定，朝廷内部又有一班志虑忠纯的贤臣，是兴兵北伐的大好时机。最后，我们只需要想办法引出蜀汉内部的情况即可过渡到内忧问题，从天下大势着手分析就是一个不错的选择。

至此，我们用"软思考"完成了对这篇文章的"构思"，而我们的目的也被一层层掩盖。细心的你也许会发现"软思考"不仅思考方式与"广告意识"相反，思考过程也是逆向的。换言之，"软思考"从目的出发，整理出一条通顺的逻辑链，以达到"引人入彀"的目的。

打通"软文思维"任督二脉

在众多武侠小说中，打通任督二脉通常会使习武者功力大增。对于软文撰写，"广告意识"与"软思考"如同任督二脉，一旦掌握了这两种思考方式，就掌握了"软文思维"的核心。简而言之，"软文思维"的核心在于挖掘广告元素和隐藏广告内容。

下面，让我们整理一下"软文思维"都包含了哪些要素。

首先，我们要"心存广告"。由于软文的本质是广告，因此我们需要在软文撰写的每个过程中都能明确意识到自己正在完成一篇广告作品。这一点非常重要，因为广告价值是软文的核心价值，一旦失去广告价值，即使文章写得再好，也只是一副没有灵魂的躯壳。只有时刻保持对广告元素的重视，才能在软文撰写过程中无往不利，交出一份令人满意的答卷。

其次，我们要"发现广告"。虽然这一点并不在软文撰写的过程中体现，但其却是软文作者心存广告的基础。夸张地说，如果你看哪篇文章都有广告元素，那么你在撰写软文的时候就会不自觉地将广告这一"灵魂"注入文章之中。所以，与其说"广告意识"是一种技巧，不如将其看作一种素质，一种提升软文作者创作技巧的基本素质。

最后，我们要"隐藏广告"。软文较之硬广的最大区别就是软文中的广告内容是被隐藏起来的，并不会让读者在第一时间发现。因此，我们在撰写软文时需要对广告内容进行处理，将其隐藏起来，让广告元素有一种与读者若即若离的感觉。

一言以蔽之，"软文思维"是以明确软文本质为基础，以"广告意识"和"软思考"为支撑的广告思维。软文的本质是顶点，"广告意识"和"软思考"作为两腰支撑，这两者又相互影响，最终形成一个稳定的三角形（如图 1-1）。

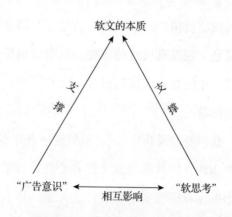

图1-1 "软文思维"要素结构

在这个三角形中，软文的广告价值将被高度重视，并被最大限度地加以实现。不过，实现软文广告价值的前提是广告内容被读者充分了解且不令其反感。如果读者像看到硬广告一样发现广告内容后直接"划过去"，那么这篇文章将失去意义。反之，如果广告元素不够明确，读者在阅读完文章之后仍未察觉到其宣传重点，那么这篇文章也是失败的。因此，我们需要对软文的"硬度"进行研究，找到一个平衡点。

软文的"硬度"

软文与硬广的本质区别在于广告内容是否突出。具有隐藏性是软文广告的主要特点及优势，因此隐藏广告内容理所当然地成为了每位软文作者所必须掌握的技能。为更好地对软文的"硬度"进行说明，我们需要先了解一下经济学中"均衡价格"的概念。

把控"均衡硬度"

在经济学中，当市场上的供给量等于需求量时，商品的价格为均衡价格，此时的市场实现供求平衡，也称"市场出清"（如图 1-2）。

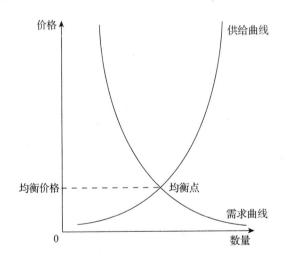

图 1-2　商品的均衡价格

如图 1-2 所示，商品价格越高，卖方越倾向于提高供给量，但买方的购买意愿却随之走低。当供给量与需求量相等时，市场上的商品数量最优，对买卖双方来说，此时可以认为实现双赢。

其实，很多矛盾的事物间都存在一个均衡点，软文也是如此。对广告商和读者而言，广告"硬度"与双方满意度如同供求关系，广告意味越浓，广告商越容易实现其利益，但读者却越容易因此感到不满，不愿继续阅读。这种情况自然也会生成一个均衡点，此时广告的"硬度"可称为"均衡硬度"（如图1-3）。当软文实现"均衡硬度"，广告商达到了宣传目的，读者也获取了预期内容，双方便可实现双赢。

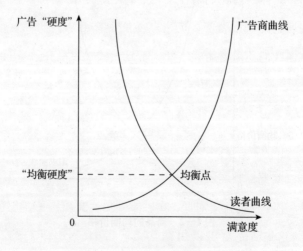

图1-3 软文的"均衡硬度"

在经济学中，均衡价格的实现是一种市场自发行为，但想要实现"均衡硬度"，则需要作者在软文撰写过程中进行自觉把控。作为软文作者，想把控好"均衡硬度"并非易事，因为我们虽然可以使用类比的方式对软文广告的"硬度"进行解释，但不同于均衡价格，"均衡硬度"是一个无法量化的主观概念。由于广告商与读者的满意度及对广告"硬度"的接受程度均是因人而异的，所以这需要作者具体问题具体分析。你也许会想，若是真的在撰写每一篇文章的过程中都单独分析，恐怕这种工作量并不是一般人能够承受的。面对这一情况，可以通过一些方法简化该问题，具体内容我们将在第三章讨论广告植入方式时展开。

回到"均衡硬度"问题。虽然具体方法将留在后面讨论，但我们还需要明确一些关于软文"硬度"的原则问题。

学会"欲说还休"

一些人认为软文的广告是应该隐没在文章内容里，让人难以察觉，其实不然。

子曰："质胜文则野，文胜质则史。文质彬彬，然后君子。"这句话完全可以用在软文广告的"硬度"把控上。"文"可以看作文章内容，也就是我们用来吸引读者的手段,"质"则表示广告内容。当文章内容淹没广告内容时,便无法有效地将广告内容传达给读者,当广告内容超过文章内容时,读者会因可读性太低而放弃阅读,广告宣传效果依旧不能实现。

因此,即使不考虑广告商的态度,单从读者一方来看,广告无论过"硬"还是过"软",都达不到理想的宣传效果,这需要我们在"隐藏"广告内容的同时让读者"识破"广告内容。这样说也许你会感到疑惑,因为隐藏广告内容与让读者识破广告内容几乎不可能同时实现。对此,我们大可换一种表述方式,就是"欲说还休",即在撰写广告相关内容时无须刻意掩饰其广告属性,但在实际操作中"点到为止",控制广告内容的篇幅和"硬度",不要过于突出。

"六何法"分析软文

我们曾提到没有太大必要介绍软文的定义,因此将精力全部放在打破思维定势上,从了解软文概况、培养软文思维、把控广告内容三个方面重新认识软文。本章最后,我们将对软文本身进行分析,而使用的方法就是广为人知的"六何法"，也可看作为软文下个"定义"。由于后面我们会对"六何法"即"5W1H"分析法的内容分别进行详细解释，因此，我们在这里只做简要介绍。

What：宣传重点是什么？

杜甫在《前出塞·其六》中曾写道："射人先射马，擒贼先擒王。"撰写软文也是如此。当我们在文章中植入一个产品广告时，通常不会介绍产品的全部功能，而是有重点地宣传。如果一篇软文没有挑选重点，而是把产品的全部功能事无巨细地进行介绍，那么这篇文章将成为产品说明，其宣传效果自然会大大降低。

事先明确宣传重点是非常有必要的，如果不聚焦热点事件，我们通常会根据广告内容规划文章的主题，换言之，文章全部内容都指向广告内容。这种情况下，整篇文章"只说一件事"，可以突出中心思想、提升用户阅读体验、强化广告宣传效果。

Who：文章为谁而写？

几乎所有广告都有一个潜在的目标受众，毕竟精准营销有助于降低成本和提高效率。由于软文的本质就是广告，因此确定读者也是精准营销的一部分。不同的读者群体有着不同的偏好，正如不同的买方有着不同的需求，我们写的文章不能讨好每一个人，但至少应该抓住目标读者的目光。

明确文章目标读者与明确产品目标用户存在诸多相似之处，我们将在下一章进行讨论。总而言之，撰写软文不是闭门造车，面对不同读者，我们需要有针对性的文章内容，力求写出受读者欢迎的软文。

軟文法则

When：何时发表文章？

本来，何时发表文章并不是一个值得关注的问题，但随着移动互联网的快速发展，以及智能手机的广泛应用，及时性已然成为软文的基本属性之一。如今，通过热点事件吸引读者已经被公认为颇具成效的选题方法，这种变化使得作者和运营者不再能完全掌握发表文章的时间上的主动权。热点事件的发生虽然存在很强的不可预知性，但其确实成为当前文章发表时间的一大决定性因素。

除了热点事件，在哪个时间段发表文章的问题也逐渐为人们所关注。碎片化阅读已经被细化至若干时间段，不同媒体会根据读者的阅读习惯选择在不同时间段内发表特

定的文章。归根结底，这与目标读者的确定有着密不可分
的关系。

Where：文章发表在哪？

无论传统媒体抑或新媒体，文章在哪里发表始终是一
个不可避免的问题。不同的发文平台决定了从文章篇幅、
风格，到标题、排版的不同。这个问题十分重要，却又非
常容易被忽略。究其原因，软文作者无非是出于便利，希
望仅用一篇文章就能一劳永逸地"攻占"所有平台。

当然，在考虑时间成本与人力成本的情况下，这种做
法无可厚非，但不同的发文平台有着不同的"基因"，从平
台方鼓励的文章体裁到读者的阅读习惯均有不同，因此同
一篇文章很难在所有平台都卓有成效。也许我们没有太多
精力为每个平台量身定制软文，但这个问题必须得到重视。

Why：读者为什么喜欢？

我们撰写软文的目的是什么？答案毋庸置疑是为了宣
传广告。关于广告效果，软文的阅读量与转化率是最直接
的评估指标。因为阅读量与转化率的主动权把握在读者手
中，所以我们不难得出结论：想提高广告效果，就要撰写

出让读者喜欢的软文。

其实，本书的最终目的就是探讨如何写出让读者喜欢的软文，将主动权掌握在作者自己手中。因此，关于这一问题，我们在这里不再加以赘述。

How：如何写出好软文？

"如何写出好软文"是承接"读者为什么喜欢"而来的，也是对"5W"的总结。简单来说，"how"的目的在于如何将"what""who""when""where""why"整合起来，最终组成一篇令人满意的软文。这种整合绝非普通的拼凑，而是运用"软文思维"系统性地将各要素进行组织。

将"5W"整合成一篇软文的过程与产品的设计过程有些许相似之处，如此看来，软文作者的工作便有了三分产品经理的意味。在下一章，我们将谈论身份认同问题，看看一个编辑是如何成为产品经理的。

02/ 软文作者的身份认同

知彼知己，百战不殆；不知彼而知己，一胜一负；不知彼，不知己，每战必殆。

——《孙子兵法·谋攻篇》

从软文作者到产品经理

移动互联网的发展拉开了一场激烈的"应用大战"，产品经理随之成为炙手可热的人才。虽然各公司的产品经理工作侧重各有不同，但其终究与产品设计相关，并对产品负责。如果把软文看作一个产品，软文作者的工作与产品经理的工作便存在许多相似之处。

软文作者等同于产品经理

如果将软文与产品相提并论你多少可以同意，那么把软文作者比喻为产品经理你是否存在异议？不要着急，让我们从工作内容上比较一下这两个看似毫无关联的职业。

首先，产品经理需要分析用户需求。用户需求是产品的根基，也是产品设计的重要出发点。对作者而言，撰写软文时，需要处理"why"，也就是"读者为什么喜欢"的问题。就其本质来说，"读者喜欢"正是文章符合读者需求的体现。我们不难看出，无论是做产品还是写软文，"用户需求"都是一切的基础，毕竟产品和文章的价值最终要靠用户和读者实现。

其次，产品经理需要进行产品设计。以手机应用为例，我们所知的产品设计包含功能、界面等方面，同样，作者在撰写软文时也要考虑主题、风格等问题。软文主题决定软文内容，正如产品功能决定产品形式。此外，我们曾在"where"中提到文章的风格与发文平台有关，因为不同平台的读者有着不同的阅读习惯，调整合适的风格有助于提高目标读者的阅读体验，这与产品选择发布渠道以提升

"用户体验"的做法也不谋而合。

最后，产品经理需要对产品负责。完成一个产品需要几个不同部门的协同合作，产品经理就是这些部门的协调人，而产品的品质由产品经理负责。同样，软文作者需要协调广告商与读者之间的关系，寻找"均衡硬度"，并对软文的最终品质负责。

软文作者的产品

如果把软文作者看作产品经理，那么其对应的产品就是软文。我们应该如何用做产品的思维写软文？

首先，如同产品一样，软文也应将读者需求放在首位。我们一再强调用户需求对产品的重要性，因为其对产品的功能起决定作用。至于软文，虽然广告内容处于软文的核心，但读者需求却决定了软文的主题。我们随后将对读者需求进行详细分析，这里暂时点到为止。

其次，软文需要为读者提供良好的阅读体验。对产品而言，如果不注重用户体验，即使功能再强大也难以俘获用户的"芳心"。阅读体验也是如此。举例来说，语意通顺是保障良好阅读体验的根本所在。如果一篇文章语句不通，哪怕内容十分吸引人，读者也很难提起兴趣进行阅读。当然，除语意通顺外，文章内容、语言风格、广告植入方式等都会对阅读体验产生影响。

最后，多数软文和产品均以实现商业价值为最终目标。我们已经在谈论"软文思维"时提及，软文的本质是广告，实现广告价值，即实现商业价值无疑就是软文的最终目标。这与产品颇为相似，毕竟多数产品的最终目标也在于此。

读者与用户的需求

在明确软文作者可以类比为产品经理后，我们做到了"知己"。若只是"知己"却不"知彼"，只能做到"一胜一负"。作为软文和产品的受众，我们还需要对读者与用户进行分析，做到"知彼"。只有"知己知彼"，方能"百战不殆"。

软文读者就是产品用户

我们已经对比过软文作者和产品经理的一些相似之处，下面，我们将对软文读者和产品用户进行比较分析，看看两者间是否也存在些许共同点。

　　首先，读者和用户同为终端使用者。产品的终端用户指该产品的直接使用者，特别是种子用户，他们对产品可谓至关重要。同理，读者是软文的直接受众，特别是在以微信公众平台为代表的存在关注机制的平台上，关注者类似于种子用户，对软文传播和实现广告价值起着重要作用。这需要软文作者明确"who"的问题——文章为谁而写。很多人认为种子用户就是初期用户，其实不然，除使用产品时间较早外，种子用户更重要的特点在于其可以积极做出反馈，与产品保持较高的互动性，软文亦然。我们的软文不是写给所有人看的，只需要引起目标读者的注意，如果第一批看到文章的读者犹如种子用户，积极与软文作者互动，或评论或转发，虽然读者基数远不如"广撒网"，但其含金量却大大增加。

　　其次，读者和用户需求同为软文和产品质量好坏的重要标准。我们提到过用户需求是产品的根基，因此众多产品唯用户马首是瞻。换言之，产品迎合用户需求是为得到用户认可，使用户产生满足感。对软文而言，迎合读者的阅读习惯和偏好，也可以得到认可。一旦软文得到读者认可，其充分发挥广告价值的可能性将大大提高，并从侧面印证了该软文的质量。

最后，读者和用户是价值实现的主体。严格来说，这里提到的读者和用户应该是转化为客户的读者和付费用户，即软文和产品的真正目标人群。

看来，我们完全可以用对待用户的态度对待读者。对待读者时，也许作者会高高在上地"给予"其文章。但对待用户时，我们则会急用户之所急，想方设法地满足用户需求。

"预需求"与迎合需求

提起用户需求，不知你会不会想到苹果公司的"创造需求"。其实，个人并不敢苟同"创造需求"的说法，相比之下，还是用"预需求"来解释更为恰当。我们可以把"预需求"看作已经存在但尚无解决方案的用户需求。以智能手机和平板电脑为例，随着无线网络的发展，电脑的应用范围变广，随身携带电脑的需求随之出现。虽然平板电脑较之台式电脑有更强的便利性，但仍不足以满足当下的用户需求。由于这一需求并没有得到解决，便成为了"预需求"。与此同时，手机连接无线网络的技术和触屏技术得到发展，因此，理论上手机可以实现更多功能。后来，电脑和手机被结合起来，侧重便利性的产品被称为智能手机，侧重功能性的产品则被称为平板电脑。

　　虽然对于智能手机和平板电脑的"预需求"已经出现，但当时多数人都没有意识到这一需求的存在，更没有想到合适的解决方案。而 iPhone 与 iPad 的出现与大获成功，正是因为苹果公司发现了用户的"预需求"并提出了恰当的解决方案。无论是"创造需求"还是寻找"预需求"，不仅需要较强的能力，还需要恰当的时机。

　　产品如是，撰写软文亦如是。想把握读者的"预需求"，不仅要求作者具备高超的写作能力，更需要产生"预需求"的契机，即读者需求已经产生，但尚未被满足。不同于产品的"预需求"需要"无中生有"，软文的"预需求"相对简单得多。热点事件发生后，一个行业以此为主题的首篇软文便可看作满足了读者的"预需求"。举例来说，网络上曾经有一组《我们是谁？甲方！》的漫画，后来被改成与各个行业相关的不同版本。当读者看到其他行业的相关漫画时，会产生"我所在的行业什么时候也能有一组漫画"的预需求。事实证明，对应每个行业的漫画首发者都得到了读者极大的关注。

　　正如之前所说，满足读者"预需求"需要作者有较强的创造力，在原版漫画中合乎逻辑地融入自己所在的行业情况，更重要的是，原版漫画的发布是一切的前提，也就是"恰当的时机"。不难看出，虽然就把握读者"预需求"而言软文写作要易于产品设计，但时机终究是可遇不可求的。因此，我们在日常工作中可以选择迎合读者需求。

迎合读者需求如同迎合用户需求一般，是保证软文阅读量的基础。特别是在存在关注机制的平台上，作为第一批读者的关注者大体稳定，因此其阅读偏好也比较固定，把握读者需求会更加简单，软文的宣传效果也会更加出众。

面对读者需求与"why"的问题，我们可以尝试先从"读者需求层次"入手分析。

读者需求层次

满足用户需求是产品设计的重要一环，软文创作也不例外。在这里，我们可以借鉴马斯洛需求层次理论将读者需求分为三个层次：消磨时间、获取知识、慰藉心灵（如图2-1）。

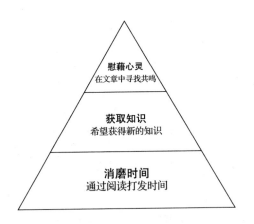

图 2－1 读者需求层次

消磨时间是读者阅读文章最基本的需求。在这一需求下，读者以乐趣为动力，以消遣为目的。在网络上，读者为消磨时间而阅读时进行评论、转发等互动行为的积极性并不是很高，对文章主题的要求也比较宽松。此外，由于读者意在消磨时间，因此其耐心有限，一旦对文章失去兴趣便会立即停止阅读。撰写此类软文时文章可以主打轻松愉快的风格，让读者始终保持愉悦的心情。

当读者以获取知识为目的阅读文章时，由于阅读动力较足，其耐心程度会大大提高。其中，获取某一行业的最新资讯也属于这一需求。值得注意的是，这里的"知识"并不特指技能性知识，一些社会知识也包括在内。一部分读者在网上阅读完文章会选择收藏、分享，以备日后反复阅读。撰写此类软文虽然无须过于注重趣味性，但切忌因解释说明导致文章枯燥冗长，将软文变成说教。

不同于其他两个层次，慰藉心灵的需求并非源于读者主动寻求满足，而是其在阅读过程中与文章内容产生共鸣后才会体现出来。举例来说，一篇名为《北京，有2000万人假装在生活》的文章曾"刷爆"朋友圈，无论其是否存在争议，从技术角度来看，这篇文章正是满足了读者慰藉心灵的需求。使读者产生共鸣的原因不只有传达感动、愤怒等激烈感情，满足虚荣心等因素也包括在内。此外，一些网络读者喜欢分享格调较高的内容，而有关名人逝世的消息也会受到部分网络读者的"青睐"，即使他们对该名人知之甚少，也会分享转发。

需要强调的是，就撰写软文而言，这三个层次并没有高下之分，且这三个层次可以混合使用，毕竟"黄狸黑狸，得鼠者雄"。但我们应该明确，"一千个人眼中有一千个哈姆雷特"，"慰藉心灵"的文章相对较难撰写，因此若无十分把握，我们大可从前两层需求入手。

第 **2** 部分

手把手教你写软文

03／ 软文始于思考

圣人敬小慎微，动不失时。

——《淮南子·人间训》

确定卖点与读者

从本章开始，我们将正式开启撰写软文之旅。正如前面我们所强调的，我们会从广告内容和目标读者两个基本要素开始，登高自卑，完成一篇关于本书的软文。下面，让我们先来分析广告内容，即"5W1H"中的"what"。

确定产品特点

我们已经确定软文中的广告是要宣传本书的特点，那么我们就需要确定软文中要介绍本书的哪些特点。从广告角度来看，如果没有特别要求，软文中突出的广告内容应该是被宣传产品的独特优势，即优于竞品的特点。换言之，产品特点决定广告内容，广告内容决定软文主题。

对于我们将要撰写的软文而言，直接将"一本软文教程"作为广告内容并不明智。因为"软文教程"的定位并不是本书独有的优势，因此无法让读者将本书与其他竞品相区分，难以对读者形成吸引力。因此，本书的广告内容应该体现其他软文教程没有的优势——将软文看做产品。我们已经分析过目标用户对产品的重要性，对软文来说目标读者也是如此。所以，我们在决定文章主题内容时也应体现"选对目标读者"这一要点，以便与广告内容达成一致。而关于广告植入方式的问题，我们将在后面进行详细探讨。

不难看出，确定软文中产品的特点完全符合广告宣传的规律，这也证明了广告是软文的本质。作为撰写软文的第一步，也是一切的基础，挑选适宜的产品特点有利于提高读者对广告内容的关注度，从而提高转化率。

确定目标读者

确定产品特点本质在于解决"what"的问题，下面，我们将先解决"who"的问题，也就是确定目标读者的问题。

目标读者的确定对撰写软文的诸多要素都有决定性的影响。举例来说，假设我们将"00后"作为目标读者，如果我们在文章中表示"可你却总是笑我，一无所有"，恐怕无法唤起目标读者的共鸣，不如使用"跟着我左手右手一个慢动作"更加实际。

考虑到我们准备撰写的软文在行业方面具有一定局限性，因此目标读者也应尽量细化。首先，我们可以确定目标读者应包括传统媒体编辑和新媒体编辑在内。其次，由于我们在"where"中提到过不同平台的读者有着不同的阅读习惯，我们可以选择一个平台单独击破。因此，我们将目标读者范围缩小至使用微信的编辑。也就是说，我们的软文会出现在微信朋友圈内。最后，由于我们将以微信朋友圈作为主要宣传阵地，那么我们大可把目标读者的范围进一步缩小为在微信平台撰写并发布软文的编辑。

确定好产品特点和目标读者后，发文平台也已被确定下来。下面，我们将围绕目标读者和发文平台的特点，着手对软文细节进行构思。

寻找合适体裁

由于我们已经确定将在微信发文，那么我们可以进一步将发文平台确定为微信公众平台。既然具体发文平台已经锁定，我们便可根据该平台的特点对软文的篇幅、文体、风格进行分析。

对于微信公众平台，想必读者已然非常熟悉了，因此在这里也不再对该平台做过多介绍，而是直入正题。文章体裁方面，我们大可选择目前最流行的"讲故事"。就篇幅而言，一般情况下，在微信公众平台发表的文章字数控制在 2000 字左右为宜。因此，我们也将软文的篇幅控制在这个标准上下。文体方面，我们可以使用相对自由的散文形式，风格以满足读者"获取知识"的需求为主，辅以满足读者"消磨时间"的需求。简单来说，我们的整体写作策略相对保守，大体与我们在微信公众平台常见的文章基本一致。

接下来，我们将迈出关于软文撰写的重要一步——确定广告植入方式。

广告植入方式

较之硬广，软文之"软"集中体现在广告植入方式上。在广告内容确定后，我们就可以考虑以何种形式将其呈现给读者了。下面，我们将讨论三种常见的广告植入方式，并对这三种方式进行分析对比。

"与子偕行"

在软文大军中，一部分文章的创作目的并不在于推广具体产品，而在于宣传品牌。其中，除对产品品牌进行宣传外，媒体对自身进行宣传并寻求更多读者关注的行为也可被认为是一种品牌宣传。

一些小品牌由于没有大品牌的号召力，如果单独发布一篇介绍自家品牌的文章，恐怕难以博得读者的关注。因此，小品牌需要找到一个合适的宣传方式。在此背景下，与大品牌"同行"便成为小品牌撰写软文的一条"捷径"。

以这种方式撰写的软文多以测评、推荐的形式出现。举例来说，假如我们需要宣传一个新兴的手机品牌，如果直接撰写一篇该品牌手机的软文，恐怕难以引起读者的关注。对此，我们可以写一篇测评，将我们需要宣传的手机品牌和其他知名手机品牌放在一起，每个品牌挑选一款机型进行分析。又如我们要为一家新开张的火锅店撰写软文，便可以写一篇有关火锅店的推荐，将需要宣传的火锅店与风评较好的火锅店放在一起，写一篇关于火锅店的推荐文章。

对于这类文章，我们需要注意一定不能有失偏颇，因过分宣传自己的品牌而让读者产生反感情绪。如撰写测评式软文时，需要对产品优势和不足进行分析，一旦过分弱化自己品牌的不足甚至不去评论，将失去读者的信任，软文的宣传作用将会丧失。因此，若想"与子偕行"，必须把握好宣传自家品牌和做出公正评价间的关系，也就是我们曾提到过的"均衡硬度"。

不难看出，这一广告植入方式有两个特点：第一，通过与大品牌"并驾齐驱"吸引读者，从而提高品牌知名度；第二，由于使用这一方式撰写的软文在一定程度上具有推荐性质，因此其时效性较强，很难在长时间内持续用一篇文章进行宣传。

对比以上两个特点，我们可以发现将要为本书撰写的软文似乎并不适用这一广告植入方式。第一，本书虽然可以与同类书进行比较，但"软文教程排行榜"的名头似乎并不太吸引人，难以提高知名度，即无法解决"why"的问题。第二，由于此方式需要与其他软文教程进行比较，存在时效性，无法在此后的一段时间内随时使用以进行宣传，即没有解决"when"的问题。此外，我们在确定产品特点时决定突出本书"选对目标读者"的特点，但使用这种方法显然无法实现，即没有解决"what"的问题。

在确定这种方式行不通后，我们来看下一种方式。

"中心藏之"

早期，人们对软文的主要认识为"文章之中包含广告"。换言之，这一方式就是将广告内容"藏"入文章里，使读者在潜移默化中了解广告信息。

这种广告植入方式多见于新闻稿。文章会在客观报道新闻外，插入一些对于自家产品的介绍，或对自家品牌相关工作人员进行采访。该方法可与"与子偕行"方法同时使用，即在一篇文章中介绍多个品牌并着力突出自己的品牌。同样，使用这种方式也需要注意把握"均衡硬度"，切忌过分渲染自己的品牌，最终导致宣传效果适得其反。

　　这一方法的最大特点是可以对读者产生耳濡目染的潜在影响，颇有将广告内容"化有形为无形"的意味。同时，该方式也最难把握"均衡硬度"，一旦使用不当，则会让作者面临"进退两难"的境地。因此，我们可以认为这种广告植入方式被广泛使用的时间虽然较早，却也较难把握，要求作者既要做到"看山不是山"，又要做到"看山还是山"。

　　就我们将要撰写软文而言，"中心藏之"的方式似乎也不太适用。首先，我们提到此方式多见于新闻稿中，而我们显然不会为一本书撰写新闻稿。其次，由于这种方式难以把握"均衡硬度"，会给我们的软文撰写工作带来困难，因此如此撰写软文的"性价比"会大大降低。最后，从微信公众平台上文章的普遍特点和读者的阅读习惯来看，除非是行业媒体发布的专业性新闻，否则很难取得高阅读量，即不符合我们对"who"与"where"的判断。

　　看来，这种方式也不太适用于我们将要撰写的软文，那么，就让我们继续探索其他的广告植入方式。

"峰回路转"

　　我们曾提到过移动互联网在给用户带来极大便利的同

时也对信息的及时性提出了更高的要求。此外，为了从众多竞争者中脱颖而出，内容作者和运营者们不仅在文章主题上费尽心思，还不断提高发文频率，大有至少每天一篇之势。在如此之高的发文频率下，如何又好又快地"制作"软文，成为了亟待解决的问题。

对此，我们需要一种新的广告植入方式。这种广告植入方式需要满足两个要求：第一，该方式必须能被广泛应用，适合各种文章主题，即最好是一个"万能公式"；第二，该方式必须使用便捷，让作者不用为如何嫁接软文主题与广告内容而耗费太多的时间和精力。

最终，满足以上两个要求的广告植入方式出现了，这便是"峰回路转"：将广告内容放在文章最后，用一个过渡句或过渡段连接软文主题与广告内容，且广告内容长度较短，因此对广告的"硬度"要求较低，使作者无须为难以隐藏广告内容而苦恼。

这种方法可以防止广告元素超出"均衡硬度"从而影响文章主题的连续性，因其广告宣传效果的实现主要依靠读者的"阅读惯性"。"阅读惯性"在此方式中的具体表现为当读者阅读到文章最后，由于最后的广告内容不长，因此也会顺便读下去。当然，该方式体现自身优势的前提是文章内容吸引人，否则即使广告内容再短，读者也没有耐心把文章读完。

由于优势明显，因此这一方式目前在以微信公众平台为代表的新媒体平台上广泛使用。当然，这并不意味着此方式优于另外两种，我们在实际处理广告内容时需要具体问题具体分析。不过针对我们将要撰写软文而言，"峰回路转"较之前两种方式无疑优势更大，确定了方法，我们就可以专心撰写软文内容了。

目前看来，我们将"选对目标读者"定为产品特点，即广告内容为"选对目标读者"。所以，软文主题与过渡部分也需要体现"选对目标读者"。既然我们选择"峰回路转"的广告植入方式，广告内容便可以暂时忽略了，所以，我们将对软文主题与内容展开构思，而软文内容与过渡问题将于写作步骤的后期再进行处理。下面，就让我们先从文章主题开始着手解决问题。

构思文章主题

经过对产品特点、目标读者、文章体裁、广告植入方式的确定，我们终于要开始接触文章的核心部分——主题。

文章主题不仅直接决定文章内容，也决定了一篇软文是否能引起读者兴趣。下面，我们将对如何构思文章主题进行分析。

结合广告选择主题

我们多次提到软文的本质是广告，因此软文的一切要素都为广告服务，文章主题也不例外。从广告宣传的角度来看，文章主题的作用除了提供目标读者感兴趣的内容外，还要做到与广告的"无缝衔接"。

举例来说，若使用"与子偕行"的植入方式，且软文作者已经确认文章体裁为推荐类文章，那么作者就会选择介绍与自己品牌相关行业的产品作为文章背景，并挑选若干同类品牌与自己的品牌放在一起，写出一篇推荐给目标读者的"攻略"。若使用"中心藏之"的植入方式，软文作者一般会选择将新闻稿作为文章体裁。因此，作者通常会选择以自己品牌参与的新闻事件为背景，加以着重报道，或树立品牌，或宣传产品。若使用"峰回路转"的植入方式，由于适用体裁的多样性，软文作者对于文章主题选择的自由度大大增加，但请谨记"乱花渐欲迷人眼"，选择越多，挑出最适合的选项就越难。

我们已经确定需要宣传的产品特点是"选对目标读者"，体裁是"讲故事"，广告植入方式是"峰回路转"，我们相对轻松地一步步将这些要素用一条清晰的逻辑链串在了一起。不过，在确定文章主题时，我们却需要使用"逆向思维"来解决问题。

开启逆向思维

目前看来，在文章构思方面我们已经"万事俱备，只欠东风"，但如何"借风"却是一个严峻的问题。正所谓条条大路通罗马，我们现在要从已经确定的要素出发，找出相对适合宣传"选对目标读者"这一产品特点的主题，最终直达广告内容。

如果继续按照原来的逻辑链思考，你也许会发现来到文章主题这一步时，我们面临的选择太多了，几乎任何内容都能用作文章主题。这时，逆向思维的优势便体现出来了。很多情况下，我们从迷宫出口向入口前进更容易找到正确路线，撰写软文也是如此，我们要从逻辑链的最后一环开始考虑。

在"峰回路转"的方式下，我们撰写软文的"终点"无疑是广告内容，因此，我们需要找到从"选对目标读者"

到文章主题的"最佳路线"。若要突出该内容，我们就要讲一个关于因选对目标读者而受益的故事。当然，我们也可以写一个反例，即因没有选对目标读者而吃亏的故事。这样，我们选择文章主题的工作量就大大减少了。下面要做的就是从自己的知识储备、互联网，甚至亲朋好友那里寻找与此相关的内容。最终，我们可以考虑讲一个关于北宋著名词人柳永的故事。至于读者需求，我们将以"消磨时间"为主，"获得知识"为辅。

进行到这里，不知你是否发现，这个逆向思维的过程是使用"软思考"进行的，即从目的出发，逆向整理出一条通顺的逻辑链。当然，如果我们只想从热点事件出发，吸引读者的关注，则无须使用逆向思维，沿着逻辑链循序渐进即可。

软文法则

关键词筛选

随着网络信息量的爆炸式增长，用户找到所需内容的时间成本越来越高。在此背景下，搜索引擎的出现为用户筛选信息提供了极大便利。对内容提供者来说，总结用户搜索习惯，将目标用户频繁使用的关键词放在内容中，可使自己的内容从海量信息中脱颖而出。软文创作自然也不能免俗，因此，我们需要对关键词问题进行简单的讨论。

了解关键词

在我们的网络生活中，关键词可谓是一位"老熟人"。无论是用百度查找资料，还是用淘宝搜索商品，我们都离不开关键词。在搜索引擎优化受到各方重视的今天，关键词的作用进一步得到加强。因此，从信息搜索的角度来看，关键词虽小，却如"寸辖制轮，尺枢运关"，要求我们必须"敬小慎微"。

在讨论如何在软文中使用关键词前，我们需要先介绍一下搜索引擎优化。搜索引擎优化的英文全称是"Search Engine Optimization"，缩写为"SEO"，指通过调整网页代码、添加友情链接等方式提高自己网站的关键词排名和曝光率。我们可以将关键词排名和曝光率简单看作搜索结果的排名。

对于软文撰写者来说，无须了解过多关于搜索引擎优化的知识与技术，只需学会如何借助关键词提高自己作品的关键词排名和曝光率即可。在软文创作中，借助关键词无非是指将所需的关键词写入软文，使文章更容易被搜索到。就我们将要撰写的文章而言，"软文"这一核心关键词是必不可少的。但是，一篇文章绝不仅包含一个关键词，至于如何挑选其他关键词，我们需要引入"长尾关键词"的概念。

长尾关键词

长尾关键词与核心关键词相呼应，其名称脱胎于"长尾理论"。较之核心关键词，长尾关键词存在四大特点。

第一，长尾关键词长度更长。不同于核心关键词，长尾关键词一般由词组或短语组成。举例来说，"软文"作为核心关键词，只有两个字，而作为长尾关键词的"软文是什么"和"软文范例"长度则大大增加。在一些极端情况下，句子也可作为长尾关键词。

第二，长尾关键词数量更多。我们继续以"软文"为例，从这个核心关键词中可产生出诸如我们提到的"软文是什么"和"软文范例"等长尾关键词，理论上，由此衍生出来的长尾关键词可以有无穷多个，只不过有些几乎没有人使用而已。

第三，长尾关键词使用频率较低。我们可以将长尾关键词看作进一步细化核心关键词的结果，因此，其代表了用户更具体的需求。如同在"软文"这一核心关键词下，搜索"软文是什么"的用户显然是刚刚接触"软文"这一术语，其需要了解的是"软文"的定义；而搜索"软文范例"的用户更可能是软文作者，希望通过范文来激发灵感。正因为用户需求的多样性使流量分散，才导致单一长尾关键词的使用频率远低于核心关键词。

第四，长尾关键词的转化率较高。正如前面所说，长尾关键词代表用户的细分需求，因此，利用长尾关键词进行搜索的用户皆具有较强目的性，其看到与该关键词对应的细分广告内容后，更容易转化为客户。假设一个用户以"软文教程"为关键词，那么其在搜索结果中看到有关撰写软文的图书后，较之搜索"软文是什么"的用户更容易做出购买决定。

当然，长尾关键词的特点不止于此，但对于软文创作来说，以上四大特点已经足以让我们了解长尾关键词了。对于长尾关键词与核心关键词的关系，人们通常会使用一个与长尾理论中相似的、横纵坐标分别代表"搜索数量"和"关键词数量"的坐标系表示。但出于撰写软文与广告宣传的需要，我们可以将横纵坐标的含义稍加修改，从读者转化率的角度审视二者间的关系（如图3－1）。

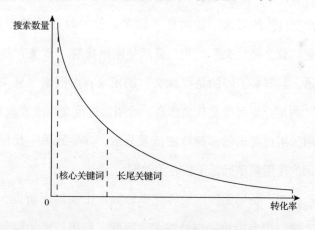

图3－1　核心关键词与长尾关键词

在我们将要撰写的软文中，核心关键词无疑是"软文"，至于应该挑选哪些长尾关键词来提高转化率，我们需要借助一些工具进行分析。

挑选关键词

虽然关键词对于在微信公众平台发布的作品而言所起的作用相对较弱，但其在以网页为代表的其他平台中发挥着重要作用，因此，我们将介绍完整的关键词挑选方式。

在关键词的挑选过程中，我们应注意与广告植入方式相结合，特别是在"峰回路转"的方式中，我们需要从两个角度考虑关键词——文章主题和广告内容。通过广告内容搜索关键词的读者自不必说，他们有着较强的目的性，但搜索文章主题内容的读者也是我们争取的对象。我们之所以撰写软文，并使用与广告内容关系不大的内容作为文章主题，一个目的在于增强可读性，另一个目的则是希望通过这些关心主题的读者扩大作品影响力，因此，我们也需要考虑他们会用哪些关键词搜索到我们的文章。

以我们将要撰写的软文为例，广告内容方面，核心关键词无疑是"软文"；文章主题方面，由于我们初步决定要讲一个关于柳永的故事，因此，这部分的核心关键词便是"柳永"。下面，就是挑选长尾关键词的工作。

对于长尾关键词，我们可以通过自己的经验进行判断。如对于文章主题，"奉旨填词"与"白衣卿相"这两个关于柳永典故的长尾关键词可以放入文中；对于广告内容，"软文教程"可以作为一个选项。当然，这些被挑选出来的长尾关键词只是基于我们的主观判断，网络上多数用户会使用哪些长尾关键词我们并不知晓。在这种情况下，我们就需要"假求于外物以自坚固"。网络上有许多长尾关键词的统计网站可以为我们指引方向，下面就是一组词库网统计的有关"软文"长尾关键词的前十名（如图 3-2）。本书中使用与推荐的所有网站及其网址都会在附录中加以总结和收录。

关键词	PC指数	移动指数	360指数	趋势	搜索结果
软文	707	643	661		12100000

格式：关键词【热度】
暂无相关记录

关键词	PC指数	移动指数	360指数	趋势	搜索结果
软文推广	302	232	98		6170000
软文是什么	63	432	71		2360000
软文街	349	72	82		34300
软文网	191	160	83		183000
软文范例	106	236	168		1660000
软文营销	197	100	50		5900000
软文代写	108	70	0		807000
联众云软文后台	170	0	0		5020
软文广告	68	97	0		5080000
软文写作	89	66	51		2660000

图3-2 词库网"软文"长尾关键词前十名

根据统计结果进行分析，我们之前凭经验挑选的长尾关键词似乎并不太符合用户的搜索习惯，因此，我们还需要对网站统计结果进行研究，挑选出合适的长尾关键词放入文中。

首先，我们可以比较轻松地从分析结果中排除"软文街""软文代写""软文网""联众云软文后台"四个词。

其次，由于我们的主要的目标读者是编辑，所以搜索"软文是什么"的用户不在我们的考虑之列。最后，我们将剩下的"软文推广""软文范例""软文营销""软文广告""软文写作"五个词作为备选长尾关键词。

同理，我们再来看看有关"柳永"的长尾关键词（如图 3－3）。

关键词	PC指数	移动指数	360指数	趋势	搜索结果
柳永	428	966	707		14500000
		格式：关键词【热度】暂无相关记录			
雨霖铃 柳永	219	827	142		3280000
蝶恋花 柳永	172	409	126		2250000
柳永 雨霖铃	117	416	81		3280000
柳永的词	64	269	36		3720000
望海潮 柳永	86	202	35		806000
柳永 蝶恋花	57	196	58		2290000
八声甘州 柳永	34	167	45		1030000
柳永词	66	100	31		843000
柳永 蝶恋花	86	69	23		2290000
凤栖梧 柳永	53	98	71		829000

图 3－3 词库网"柳永"长尾关键词前十名

关于"柳永"的长尾关键词比较容易分析，因为除"柳永的词""柳永词"外，其他八个词均为其作品，因此我们可以在撰写软文的时候视情况将这些词嵌入文中。

至此，我们已经挑选完文章所需的核心关键词与长尾关键词，下一章，我们将完成软文撰写工作，最终将一篇完整的文章展现出来。

04／撰写软文学问大

夫战，勇气也，一鼓作气，再而衰，三而竭。

——《左传·庄公十年》

合理分配文章结构

我们从小就被训练分析文章结构，诸如总分式、递进式、并列式等，但在日常写作中，我们并不会对此过于注意。但对于软文来说，既然我们将其看作产品，那么安排文章结构便犹如产品设计，是一个关乎读者阅读体验与广告价值实现的问题。要研究软文的结构，我们需要先了解之提到过的软文的"黄金比例"。

软文的"黄金比例"

对于黄金比例，想必你一定不会陌生。一般认为，符合黄金比例的事物会让人感到和谐。而软文的"黄金比例"也有类似的效果，可以让读者更容易接受广告内容。下面，让我们看一看软文的"黄金比例"是怎样构成的（如图4-1）。

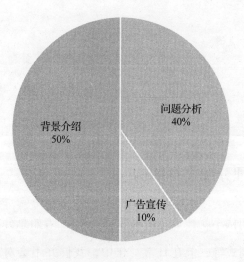

图4-1 软文的"黄金比例"

文章前50%以背景介绍为主。这部分可运用具体事例、市场趋势、专家见解等内容对自己的品牌或产品所在的行业进行介绍。读者一般会对自己关注的行业感兴趣，因此用文章50%的内容以兴趣"稳住"读者，可以为后文的广告宣传做好铺垫，准备"引人入彀"。

文章中间40%的内容用于问题分析。在以背景介绍"稳住"读者后，我们就可以进一步将文章内容向广告内容靠拢。一般情况下，提出一个与背景介绍相关的问题并进行分析可以帮助我们顺利地引出广告内容，使读者不会产生"突兀感"。

文章最后10%进行广告宣传。在软文的"黄金比例"中，广告宣传的占比与"峰回路转"的广告植入方式相似。这种模式意在使读者知道自己的品牌，但无须深入了解，以免因广告内容过多引起读者反感。

不同于"峰回路转"的"硬植入"方式，软文的"黄金比例"适用于全篇单一主题的文章，背景介绍、问题分析、广告宣传三部分在内容上应保持逻辑性与顺承性。通常，"与子偕行"和"中心藏之"两种方式更适合使用软文的"黄金比例"。所以，我们可以将软文的"黄金比例"看作一个通用公式，撰写软文时可借鉴使用，但若有更好的思路，则大可不必墨守成规。

整体来看，在软文的"黄金比例"中，背景介绍可以看作文章主题，问题分析可以看作过渡部分，广告宣传可看作广告内容，我们决定是否使用软文的"黄金比例"或思考如何分配文章结构的过程，本质上是在调整这三部分在全文中的占比。

把握文章结构

对于软文来说，文章结构的核心问题在于如何安排广告内容。由于文章主题与内容主要负责吸引读者，因此并没有太多结构上的要求。如在我们将要撰写的关于本书的软文中，文章主题是柳永的故事，我们大可以按照其生平安排文章结构。这也是我们在第 1 部分所说的无须过于关注结构的原因。

而广告内容作为一篇软文的核心内容，需要我们为其挑选一个适当的位置。

在我们提到的三种广告植入方式中，"中心藏之"最适合使用软文的"黄金比例"来安排广告内容。一般情况下，使用该方法的文章类型以评论、报道为主，所以文章内容与广告内容关联性较强，按照"黄金比例"安排文章结构相对稳妥，容易写出相对成熟的软文。

若使用"与子偕行"的植入方式撰写推荐类软文，则广告内容所占比例应与其他推荐内容相仿，字数可适当多于其他内容，但必须适度，做到"欲说还休"，实现宣传目的，切不可将广告内容安排过多，引起读者反感。此外，该方式也可使用软文的"黄金比例"，在背景介绍和问题分析中利用行业知名品牌吸引读者，最后引出关于自家品牌的广告内容。

就我们将要撰写的软文而言，因为文章使用"峰回路转"的广告植入方式，所以广告内容会被放在最后。此外，这种方式下的广告内容字数相对较少，我们需要将其占比严格控制在 10% 以下，必要时可以保持在 5% 以下，甚至只用一句话来表述。当然，这里广告内容的占比只是在特定平台使用特定广告植入方式的结果，是由微信公众平台读者的阅读习惯以及"峰回路转"的广告植入方式所决定的，具有一定特殊性。

关键词的运用

安排好文章结构后，我们便可以考虑关键词的使用问题。在讨论关键词时已经将其分为核心关键词与长尾关键词两大类。下面，我们将讨论如何在保证不影响阅读体验的情况下将这两大类关键词嵌入文章之中。

关键词的处理方式

由于核心关键词长度较短，且几乎是文章的必要内容，因此我们并不用对核心关键词过于费心。相对而言，长尾关键词的总数量与单位长度均决定了其处理难度高于核心关键词。换言之，核心关键词更容易在文章中找到合适的位置。面对这一情况，我们将重点讨论长尾关键词的使用方法，特别是决定在将要撰写的软文中尽可能减少广告内容的占比后，我们更加需要考虑如何在有限的字数里最大限度地使用全部长尾关键词。

一般情况下，我们可以用三种方式处理长尾关键词。

第一种方式为"直接使用"，即直接将长尾关键词完整地放入文中。这是可以完整地使用长尾关键词最理想的方式，但有时直接使用长尾关键词会影响文章顺畅度，因此使用这一方式时需要三思而行，毕竟保证良好的阅读体验是撰写文章的第一要务。

第二种方式为"化整为零"，即将长尾关键词拆分后分散地放入文中。举例来说，在我们将要撰写的软文中，广告内容的第一个长尾关键词为"软文推广"，我们可以直接使用"软文推广"，也可以将其拆分成"软文"与"推广"
两个词分别放在两处。当读者使用搜索引擎搜索"软文推
广"时，虽然"软文"和"推广"已经分开，但其仍然会
以"软文推广"的形式被收录至搜索结果中，只是排名有
可能会相对靠后。

第三种方式为"忍痛割爱"，即放弃无法使用的长
尾关键词。出于种种原因，有些长尾关键词放入文中会
严重影响阅读体验，如果该关键词不在文章中起决定性
作用，那么我们可以将其忽略。若该关键词地位相对重
要，我们则需要重新调整文章内容与结构，并将其放入
文中。

以上三种方式的优先级逐个递减。在无法"直接使用"
时先"化整为零"，如果关键词难以拆分或拆分后仍无处安
放只得"忍痛割爱"。

长尾关键词分析

讨论过长尾关键词的处理方式后，我们下一步的工作
就是将其付诸实践。让我们先看广告内容的长尾关键词。
该部分的备选项有五个，其分别为"软文推广""软文范
例""软文营销""软文广告""软文写作"。下面，我们就

来分析如何处理这五个长尾关键词。

我们已明确了文中广告内容占比极低，因此以何种方式在极少的字数里加入五个四字短语便成为亟待解决的问题。就此情况而言，我们可选择使用一连串的问句将其串联。按照在微信公众平台发布的软文作品之常见模式来看，以"峰回路转"方式来植入的广告内容通常不会超过一百字。但在实际的操作中，我们会发现将全部二十个字的长尾关键词直接放入几十个字的段落中，密度显得过大，难以保证良好的阅读体验。因此，我们可以做出如下安排："软文营销"和"软文写作"选择"直接使用"；"软文范例"选择"化整为零"；"软文推广"和"软文广告"只能"忍痛割爱"。

接下来，我们就可以完成如下广告内容。

软文写作有哪些套路？如何写出范例级别的软文？如何让软文营销获得理想的效果？一切的答案尽在这本挑战你固有思维的软文教程——《软文法则》之中。

处理完广告内容，让我们再看看文章主题中的长尾关键词。由于其中多个关键词为"柳永＋空格＋词牌名"或"词牌名＋空格＋柳永"的格式，因此，我们可以根据实际需求，将这些长尾关键词"化整为零"，只保留词牌名。于是，我们会得到七个关于文章主题的长尾关键词，其分别为"雨霖铃""蝶恋花""柳永的词""望海潮""八声甘州""柳永词""凤栖梧"。除"柳永的词"和"柳永词"外，"雨霖铃""蝶恋花""望海潮""八声甘州""凤栖梧"均为词牌名，其中，"凤栖梧"为"蝶恋花"的别称，因此我们需要处理的词牌名只有四个。

显然，"柳永的词"和"柳永词"这两个长尾关键词比较容易处理，因此，我们可以将全部精力放在如何处理词牌名上。当然，对于这些词牌名，我们有一种取巧的处理方式：在介绍柳永生平时，在其写下相应作品的部分将词牌名及全文直接陈述出来。接下来，我们只需要整理以上四首词分别是柳永何时所作以及该词背后又有哪些故事即可。需要注意的是，由于关于柳永的部分事件存在不同见解，我们选择其中一个作为素材即可。此外，在我们将要撰写的软文中，还存在一些关于其他人物与时代的类似问题，我们同样可以选择其中之一作为素材。

通过查阅柳永的生平，我们可以将前面四首词按时间顺序排列，并注明其写作背景（如表4-1）。

表 4-1 "柳永"长尾关键词中词牌名的分析

时间顺序	词牌名	背景
1	望海潮	柳永希望通过该词被两浙转运使孙何推荐入仕
2	雨霖铃	柳永第四次落榜后与恋人分别时所作
3	蝶恋花（凤栖梧）	柳永在外漂泊时所作
4	八声甘州	柳永在外漂泊时所作

下面，我们就可以处理文章主题中的长尾关键词了。在正式写作之前，我们还需明确三个要点：第一，部分长尾关键词需要我们刻意加入，如"柳永的词"比较容易加入文章中，但"柳永词"则需要我们主动寻找放置位置；第二，我们必须时刻明确该软文的最终目标是将内容落实在"选对目标读者"的产品特点上；第三，读者阅读习惯一般符合"一鼓作气，再而衰，三而竭"的特点，因此一定要保证文章的流畅性，其方法包括减少错别字与理顺语句等。

最终，以文章内容的长尾关键词为基础，我们将内容补全后，文章主题的内容也就完成了。

这已经是他第四次落榜了。考试结束，他即将离开汴梁，被迫与恋人分别。

天上，夕阳西下，残月高悬；岸边，微风拂柳，秋蝉凄凄。身边的一切仿佛只为烘托今晚的离别之情。南下的船马上就要出发，他与恋人执手相对，不忍分别。百感交集之中，他留下千古名篇，便开始了自己漂泊的生涯：

寒蝉凄切，对长亭晚，骤雨初歇。都门帐饮无绪，留恋处，兰舟催发。执手相看泪眼，竟无语凝噎。念去去，千里烟波，暮霭沉沉楚天阔。

多情自古伤离别，更那堪冷落清秋节！今宵酒醒何处？杨柳岸，晓风残月。此去经年，应是良辰好景虚设。便纵有千种风情，更与何人说？

是的，他就是柳永。

出身官宦世家的柳永天资聪颖，但绝非神童。不像初唐的王勃十四岁便写出《滕王阁序》，柳永在十八岁的时候才填出第一篇真正为世人广为流传的词——《望海潮》：

东南形胜，三吴都会，钱塘自古繁华，烟柳画桥，风帘翠幕，参差十万人家。云树绕堤沙，怒涛卷霜雪，天堑无涯。市列珠玑，户盈罗绮，竞豪奢。

重湖叠巘清嘉。有三秋桂子，十里荷花。羌管弄晴，菱歌泛夜，嬉嬉钓叟莲娃。千骑拥高牙。乘醉听箫鼓，吟赏烟霞。异日图将好景，归去凤池夸。

不难看出，这首词完全不符合柳永一贯的婉约风格，因为这并非是他真心有感所作，而是一篇地地道道的"求职信"。当柳永来到杭州时，恰逢旧时相识孙何任职两浙转运使，但其家门森严，身为平头百姓的柳永根本无法面见。于是，柳永找到一名歌妓，嘱咐她在为孙何献唱时务必要唱自己填的这首《望海潮》。

柳永的这一做法十分精明。孙何与柳永相识，且受宋真宗赏识，平素又任人唯贤，因此柳永希望通过一首《望海潮》得到孙何的举荐。毕竟当年贺知章读过李白所作的《蜀道难》后，不仅赞其为"谪仙"，"金龟换酒"宴请李白，后来还同玉真公主一起向唐玄宗推荐其做官。

也许是这首不符合自己风格的词没有发挥出柳永的最高水平，也许是孙何的确见过大阵仗，听歌妓唱过这首《望海潮》后，孙何尽管赞赏有加，却并没有"金龟换酒"，只是请柳永吃了个便饭，更没有向上举荐。

捷径无门，柳永只好寄希望于科举。第一次赶考时柳永信心十足，但天不遂人愿，他落榜了。这也不怪柳永才学不好，只是因为北宋时科考录取率实在太低。据记载，北宋第一次科举考试共录取十九人，在其后的几年里也一直保持十几人的水平。乾德四年更是仅录取四人。后来，宋太祖才特开恩科，给了落榜举子第二次机会。

这次落榜使柳永深受打击，因此作了一首《鹤冲天》，以泄愤懑之情：

黄金榜上，偶失龙头望。明代暂遗贤，如何向。未遂风云便，争不恣游狂荡。何须论得丧？才子词人，自是白衣卿相。

烟花巷陌，依约丹青屏障。幸有意中人，堪寻访。且恁偎红倚翠，风流事，平生畅。青春都一饷。忍把浮名，换了浅斟低唱！

柳永本就生性风流，时常与青楼歌妓厮混。这次，考场失意的他来到风月场所抚慰自己内心的伤痛。于是，便有了这首《如鱼水》：

帝里疏散，数载酒萦花系，九陌狂游。良景对珍筵恼，佳人自有风流。劝琼瓯。绛唇启、歌发清幽。被举措、艺足才高，在处别得艳姬留。

浮名利，拟拚休。是非莫挂心头。富贵岂由人，时会高志须酬。莫闲愁。共绿蚁、红粉相尤。向绣帏，醉倚芳姿睡，算除此外何求。

正如柳永所说："在处别得艳姬留"。由于他善写艳词，可谓当时坊间第一"流行歌曲"词作家，因此其在歌妓中大受欢迎。而风月场中更有"不愿君王召，愿得柳七叫；不愿千黄金，愿得柳七心；不愿神仙见，愿识柳七面"的说法。如若不信，请看柳永的这首《斗百花》：

满搦宫腰纤细。年纪方当笄岁。刚被风流沾惹，与合垂杨双髻。初学严妆，如描似削身材，怯雨羞云情意。举措多娇媚。

争奈心性，未会先怜佳婿。长是夜深，不肯便入鸳被。与解罗裳，盈盈背立银釭，却道你但先睡。

后来，柳永重振旗鼓，再次赴考，可惜却屡战屡败。天圣二年，柳永第四次赴考，已是宋仁宗的时代。皇天不负有心人，这次柳永终于得中。谁曾想，当宋仁宗钦点进士时，看到了柳永的名字。作为一代"文艺青年"的代表，宋仁宗怎能没听过柳永的词？想到那首《鹤冲天》，宋仁宗一气之下便在柳永的名字旁批示道："且去浅斟低吟，何要浮名？"就这样，皇帝的态度使柳永几乎完全失去了中举的希望。

自此，柳永开始以"奉旨填词"为名浪迹天涯。正是在从汴梁出发的那晚，他写下了开篇的《雨霖铃》。柳永半生漂泊、一世风流，此间滋味皆体现于其所作的《蝶恋花》（又名《凤栖梧》）之中：

伫倚危楼风细细，望极春愁，黯黯生天际。草色烟光残照里，无言谁会凭阑意。

拟把疏狂图一醉，对酒当歌，强乐还无味。衣带渐宽终不悔，为伊消得人憔悴。

十年羁旅生涯成为了柳永真正成熟的契机。柳永在民间笔耕不辍，所过之处皆留下了不朽之作，大受市井百姓喜爱，以致"凡有井水处，即能歌柳词"。柳永的词就这样从江湖走向庙堂。

作为豪放派的代表，苏轼向来不喜欢柳永词的市井化风格，其还曾批评自己的学生秦观的"消魂当此际"，是"学柳七作词"。最终，柳永证明了"大俗者大雅"，以致苏轼在读过他的《八声甘州》后，做出了"不减唐人高处"的评价。

对潇潇暮雨洒江天，一番洗清秋。渐霜风凄紧，关河冷落，残照当楼。是处红衰翠减，苒苒物华休。惟有长江水，无语东流。

不忍登高临远，望故乡渺邈，归思难收。叹年来踪迹，何事苦淹留。想佳人妆楼颙望，误几回、天际识归舟。争知我，倚栏杆处，正恁凝愁！

事越千年，人们也许不晓得天圣二年的状元是"连中三元"的宋庠，也不在乎柳永于景祐元年的恩科上得中进士，但人们却记得市井之中有一位善填慢词的"白衣卿相"。

在文章撰写过程中，我们可以根据实际情况对长尾关键词和文章具体内容进行调整。如这篇文章就将长尾关键词"雨霖铃"放在文章开篇，同时文章中也加入了柳永的其他作品用来充实我们要讲的故事内容。

至此，整篇软文基本完成，我们仅需将文章主题与广告内容连接起来，便可大功告成。

处理好过渡部分

对于软文来说，处理好文章主题与广告内容的过渡可以大大提升阅读体验。有些时候，当一篇文章的主题以巧妙的方式过渡到广告内容时，会让读者眼前一亮，甚至得到读者对广告内容的赞赏。

从相声看过渡部分

相声作为中国传统曲艺形式，与软文在形式上有着诸多相似之处，这些相似点可以为我们的软文撰写工作提供帮助。我们已经确认软文在结构上存在文章主题、过渡部分、广告内容三部分。无独有偶，在相声中，存在着"垫话儿""瓢把儿""正活"三部分，并在功能上与软文中各部分相对应。

在软文中，广告内容是核心部分，其与相声的"正活"一样，是我们真正希望得到受众关注的部分。文章主题与"垫话儿"都是为了让受众"进入状态"，引导其来到核心部分而设置的。过渡部分和"瓢把儿"均为连接以上两部分的"双面胶"。

优秀的相声作品会使用恰当的"瓢把儿"将观众从"垫话儿"平缓地带入"正活"，起到引人入胜的作用。软文亦是如此。好的软文会充分发挥过渡部分承上启下的作用，使读者来到广告部分后会心一笑道："原来如此！"

一般情况下，我们都会认为软文的过渡部分应该做到"神不知鬼不觉"，尽量避免内容出现"断层"。其实不然，如在"峰回路转"的广告植入方式下，过渡部分可以"生硬"一些。曾有一段时间，很多网络段子会在一大段叙述后直接加上"那么问题来了：挖掘机技术哪家强"，其实这种"生硬"手法与"峰回路转"的方式非常相似，即意在利用较大的反差使内容产生"断层"，加深读者印象。较之"峰回路转"，"中心藏之"的方式更适合"神不知鬼不觉"的过渡风格。一言以蔽之，由于"中心藏之"的方式更适合使用软文的"黄金比例"，而软文的"黄金比例"注重逻辑性与顺承性，因此要求尽可能让读者从文章主题平稳过渡到广告内容。

撰写过渡部分

由于使用"峰回路转"的广告植入方式无须对过渡部分花费太多心思，因此，这一方式已成为当前软文撰写的主流。该方法既符合读者在移动端阅读的习惯，又能省去软文作者大量构思时间，可谓是一件两全其美的事情。

下面就让我们对文章进行收尾，撰写出最后的过渡部分。撰写过渡部分时，我们可以考虑在这部分加入未曾使用的长尾关键词。经过反复推敲，"软文推广"一词似乎可以使用，而"软文广告"则因为篇幅与相关性等原因，无法出现在文章之中。

于是，我们得到的过渡部分如下。

就像写软文，没有选对目标读者往往会事倍功半，降低软文推广效果。

虽然"峰回路转"的方式利用了文章主题与广告内容间的反差效果来加深读者印象，但直接将过渡部分放入文章会让人感到过于突兀，严重影响阅读体验。鉴于我们要突出"选对目标读者"的产品特点，因此我们可以在广告内容中做些调整。调整后，从文章主题过渡至广告内容的部分如下。

事越千年，人们也许不晓得天圣二年的状元是"连中三元"的宋庠，也不在乎柳永于景祐元年的恩科上得中进士，但人们却记得市井之中有一位善填慢词的"白衣卿相"。究其原因，柳永的成功之道在于其找到了正确的读者。就像写软文，没有选对目标读者往往会事倍功半，降低软文的推广效果。

如何选对读者？软文写作有哪些套路？如何写出范例级别的软文？如何让软文营销获得理想的效果？一切的答案尽在这本挑战你固有思维的软文教程——《软文法则》之中。

整篇软文的主体部分就此完成，作为最后的收尾，我们需要给文章起一个吸引人的标题。

标题撰写与选择

我们在第 1 部分提到，由于个人习惯，标题撰写可以被放在最后，如果你喜欢先为文章取标题，大可按照自己的习惯撰写软文。但无论顺序先后，标题的重要性都是不可忽视的。下面，我们将以新媒体平台为主要研究对象，对软文标题的选择进行深入探讨。

标题是成功的第一步

自从美国社会心理学家洛钦斯提出"首因效应"以来，第一印象就成为了人们津津乐道的话题。其实，我们撰写文章也是如此。老师从小就教导我们要写好文章开篇，给读者留下较好的第一印象。

如今，快节奏的阅读习惯已然使读者对文章产生第一印象的范围从文章开篇缩小至标题。当一篇篇文章在手机屏幕被简化为一条条标题时，一场"起名字"的战争便随之打响。这一变化对作者们提出了更加严格的要求——在第一时间获得读者的关注。而标题仿佛也变成了一扇大门：如果读者不愿打开它，其将无法看到门内的风景。所以，对于新媒体软文撰写工作来说，标题的重要性并不亚于内容。或者说，标题的重要性有时更甚于内容。以移动端为例，我们要做到在读者划过屏幕的几秒内以标题引起其兴趣，使其点开文章进行阅读。

文章标题如同产品包装，会在第一时间与竞品形成对比，优秀者有直接脱颖而出的可能。就标题而言，我们需要在海量"竞品"中脱颖而出，不仅需要考虑文字内容，还要考虑字符形状。毋庸置疑，文字内容与标题的吸引力紧密相关，那么字符形状与标题的吸引力有何关系？让我们一起来看一看。

标题与字符形状

标题的字符形状与内容的相关度自然较低，其更多的是与视觉效果紧密联系。当目力所及之处的字符形状差别不大时，突然有一个与众不同的标题出现，必然会受到关注（如图 4 - 2）。

数字型	标点型
1.商业软文范例两千篇 2.商业软文范例两千篇 3.商业软文范例2000篇 4.商业软文范例两千篇 5.商业软文范例两千篇	1.重要的商业软文技巧 2.重要的商业软文技巧 3.重要！！！软文技巧 4.重要的商业软文技巧 5.重要的商业软文技巧

符号型	间隔型
1.实用商业软文教程 2.实用商业软文教程 3.【实用】软文教程 4.实用商业软文教程 5.实用商业软文教程	1.软文写作实用技巧揭秘 2.软文写作实用技巧揭秘 3.软 文 技 巧 揭 秘 4.软文写作实用技巧揭秘 5.软文写作实用技巧揭秘

图4-2 字符形状对标题的影响

在以微信公众平台为代表的新媒体平台上，常用的标题字符形状包括数字型、标点型、符号型、间隔型四类。下面我们将对其一一说明。

数字型指在标题中使用阿拉伯数字。由于一个阿拉伯数字只占一个字符，而一个汉字占两个字符，因此，用阿拉伯数字代替汉字会加大原有数字的密度，加之阿拉伯数字与中文方块字形成的反差，数字部分会格外引人注意。

标点型指在标题中使用标点符号。图4-2中的标题在使用三个感叹号后，不仅起到加强语气的作用，更在视觉效果上与其他标题区别开来。除连续感叹号外，省略号、

软文法则

破折号、书名号等标点符号都有不错的效果。

符号型指在标题中使用各种符号。我们先要明确符号型与标点型之间存在细微差异，在标点型中，标点符号在标题中具有实际意义，但符号型中的符号仅起到吸引读者注意力的作用，往往并无实际意义。

间隔型指在标题中将文字分隔开来。图 4 - 2 中使用半角空格分开文字，此外，竖线、波浪号，甚至感叹号均能作为分隔符。由于文字间的空隙加大，读者很容易从密密麻麻的文字中发现这种标题。

需要强调的是，使用字符形状只能起到锦上添花的作用，如果我们想用标题吸引读者，标题内容才是真正的决定性因素。即使我们的标题很容易被读者发现，若其内容枯燥无趣，想必也难以引导读者点击标题进入文章阅读。

标题内容的种类

对于不同文章，我们的"起名"策略自然有所不同。接下来，我们将对标题内容的种类进行深入分析，看看撰写标题时会有哪些选择。

第一种是新闻体。这类标题相对严肃，用词策略也会更保守一些。一般情况下，这类标题在新媒体较难对读者产生吸引力。不过，由于新闻的关键词相对单一，因此这类标题便于添加关键词，而关键词出现在标题位置更容易被读者搜索到。

第二种是震惊体。这类标题的名字源于一些以"震惊！"开头并在后面附以夸张描述的网络新闻。在这里，我们所说的震惊体也包括咆哮体等语气强烈的标题类型。通常，单纯震惊体的标题，会搭配其他标题类型一起使用。

第三种是疑问体。这类标题的原理在于设置悬念，使读者在阅读标题后对文章内容产生兴趣。这是新媒体平台被广为应用的标题撰写方式之一。虽然叫"疑问体"，但这并不意味着标题必须使用疑问句式，只要其中含有悬念成分，便可归于此类之中。较之于普通标题，出于阅读标题后对内容的好奇，读者更有可能主动阅读文章。

第四种是反常体。反常，即跟正常情况不同。这一方法用在标题中主要体现为标题内容与人们的常识相悖，使读者在好奇心的驱动下进行阅读。究其根本原理，反常体标题与疑问体标题均是在利用读者的好奇心获取阅读量。

无论撰写哪个种类的标题，我们都需要明确一点：撰写标题时应该使用读者感兴趣的内容，即我们前面提到的应迎合读者需求。同时，撰写标题切忌过分夸大，毕竟文不对题的"标题党"是很不受读者欢迎的。

我们已经对常见的标题分类进行总结，下面即可着手软文标题的撰写工作。对于我们撰写的软文，由于整体策略相对保守，因此可以只选用疑问体。具体内容方面，我们可以根据柳永的生平与特点，以"他是歌妓心里的宰相，皇帝眼中的小丑"为题，为软文收尾。至此，这篇软文也就全部完成了。

他是歌妓心里的宰相，皇帝眼中的小丑

这已经是他第四次落榜了。考试结束，他即将离开汴梁，被迫与恋人分别。

天上，夕阳西下，残月高悬；岸边，微风拂柳，秋蝉戚戚。身边的一切仿佛只为烘托今晚的离别之情。南下的船马上就要出发，他与恋人执手相对，不忍分别。百感交集之中，他留下千古名篇，便开始了自己漂泊的生涯：

寒蝉凄切，对长亭晚，骤雨初歇。都门帐饮无绪，留恋处，兰舟催发。执手相看泪眼，竟无语凝噎。念去去，千里烟波，暮霭沉沉楚天阔。

多情自古伤离别，更那堪冷落清秋节！今宵酒醒何处？杨柳岸，晓风残月。此去经年，应是良辰好景虚设。便纵有千种风情，更与何人说？

是的，他就是柳永。

出身官宦世家的柳永天资聪颖，但绝非神童。不像初唐的王勃十四岁便写出《滕王阁序》，柳永在十八岁的时候才填出第一篇真正为世人广为流传的词——《望海潮》：

东南形胜，三吴都会，钱塘自古繁华，烟柳画桥，风帘翠幕，参差十万人家。云树绕堤沙，怒涛卷霜雪，天堑无涯。市列珠玑，户盈罗绮，竞豪奢。

重湖叠巘清嘉。有三秋桂子，十里荷花。羌管弄晴，菱歌泛夜，嬉嬉钓叟莲娃。千骑拥高牙。乘醉听箫鼓，吟赏烟霞。异日图将好景，归去凤池夸。

不难看出，这首词完全不符合柳永一贯的婉约风格，因为这并非是他真心有感所作，而是一篇地地道道的"求职信"。当柳永来到杭州时，恰逢旧时相识孙何任职两浙转运使，但其家门森严，身为平头百姓的柳永根本无法面见。于是，柳永找到一名歌妓，嘱咐她在为孙何献唱时务必要唱自己填的这首《望海潮》。

柳永的这一做法十分精明。孙何与柳永相识，且受宋真宗赏识，平素又任人唯贤，因此柳永希望通过一首《望海潮》得到孙何的举荐。当年贺知章读过李白所作的《蜀道难》后，不仅赞其为"谪仙"，"金龟换酒"宴请李白，后来还同玉真公主一起向唐玄宗推荐其做官。

　　也许是这首不符合自己风格的词没有发挥出柳永的最高水平，也许是孙何的确见过大阵仗，听歌妓唱过这首《望海潮》后，孙何尽管赞赏有加，却并没有"金龟换酒"，只是请柳永吃了个便饭，更没有向上举荐。

　　捷径无门，柳永只好寄希望于科举。第一次赶考时柳永信心十足，但天不遂人愿，他落榜了。这也不怪柳永才学不好，只是因为北宋时科考录取率实在太低。据记载，北宋第一次科举考试共录取十九人，在其后的几年里也一直保持十几人的水平。乾德四年更是仅录取四人。后来，宋太祖才特开恩科，才给了落榜举子第二次机会。

　　这次落榜使柳永深受打击，因此作了一首《鹤冲天》，以泄愤懑之情：

　　黄金榜上，偶失龙头望。明代暂遗贤，如何向。未遂风云便，争不恣游狂荡？何须论得丧？才子词人，自是白衣卿相。

　　烟花巷陌，依约丹青屏障。幸有意中人，堪寻访。且恁偎红倚翠，风流事，平生畅。青春都一饷。忍把浮名，换了浅斟低唱！

　　柳永本就生性风流，时常与青楼歌妓厮混。这次，考场失意的他来到风月场所抚慰自己内心的伤痛。于是，便有了这首《如鱼水》：

帝里疏散，数载酒萦花系，九陌狂游。良景对珍筵恼，佳人自有风流。劝琼瓯。绛唇启、歌发清幽。被举措、艺足才高，在处别得艳姬留。

浮名利，拟拚休。是非莫挂心头。富贵岂由人，时会高志须酬。莫闲愁。共绿蚁、红粉相尤。向绣幄，醉倚芳姿睡，算除此外何求。

正如柳永所说："在处别得艳姬留"。由于他善写艳词，可谓当时坊间第一"流行歌曲"词作家，因此其在歌妓中大受欢迎。而风月场中更有"不愿君王召，愿得柳七叫；不愿千黄金，愿得柳七心；不愿神仙见，愿识柳七面"的说法。如若不信，请看柳永的这首《斗百花》：

满搦宫腰纤细。年纪方当笄岁。刚被风流沾惹，与合垂杨双髻。初学严妆，如描似削身材，怯雨羞云情意。举措多娇媚。

争奈心性，未会先怜佳婿。长是夜深，不肯便入鸳被。与解罗裳，盈盈背立银釭，却道你但先睡。

后来，柳永重振旗鼓，再次赴考，可惜他却屡战屡败。

天圣二年，柳永第四次赶考，已是宋仁宗的时代。皇天不负有心人，这次柳永终于得中。谁曾想，当宋仁宗钦点进士时，看到了柳永的名字，作为一代文艺青年的代表，宋仁宗怎能没听过柳永的词？想到那首《鹤冲天》，宋仁宗一气之下便在柳永的名字旁批示道："且去浅斟低吟，何要浮名？"就这样，皇帝的态度使柳永几乎完全失去了中举的希望。

自此，柳永开始以"奉旨填词"为名浪迹天涯。正是他从汴梁出发的那晚，写下了开篇的《雨霖铃》。柳永半生漂泊、一世风流，此间滋味皆体现于其所作的《蝶恋花》（又名《凤栖梧》）之中：

伫倚危楼风细细，望极春愁，黯黯生天际。草色烟光残照里，无言谁会凭阑意。

拟把疏狂图一醉，对酒当歌，强乐还无味。衣带渐宽终不悔，为伊消得人憔悴。

十年羁旅生涯成为了柳永真正成熟的契机。柳永在民间笔耕不辍，所过之处皆留下了不朽之作，大受市井百姓喜爱，以致"凡有井水处，即能歌柳词"。后来，柳永的词就这样从江湖走向庙堂。

作为豪放派的代表，苏轼向来不喜欢柳永词的市井化风格，其还曾批评自己的学生秦观的"消魂当此际"，是"学柳七作词"。最终，柳永证明了"大俗者大雅"，以致苏轼在读过他的《八声甘州》后，做出了"不减唐人高处"的评价。

对潇潇暮雨洒江天，一番洗清秋。渐霜风凄紧，关河冷落，残照当楼。是处红衰翠减，苒苒物华休。惟有长江水，无语东流。

不忍登高临远，望故乡渺邈，归思难收。叹年来踪迹，何事苦淹留。想佳人妆楼颙望，误几回、天际识归舟。争知我，倚栏杆处，正恁凝愁！

事越千年，人们也许不晓得天圣二年的状元是"连中三元"的宋庠，也不在乎柳永于景祐元年的恩科上得中进士，但人们却记得市井之中有一位善填慢词的"白衣卿相"。究其原因，柳永的成功之道在于其找到了正确的读者。就像写软文，没有选对目标读者往往会事倍功半，降低软文的推广效果。

如何选对读者？软文写作有哪些套路？如何写出范例级别的软文？如何让软文营销获得理想的效果？一切的答案尽在这本挑战你固有思维的软文教程——《软文法则》之中。

05／软文完成之后

行有不得者，皆反求诸己，其身正而天下归之。

——《孟子·离娄上》

选择排版风格

对于新媒体编辑，特别是身兼运营职责的编辑来说，撰写文章只是工作的第一阶段，随后还要对文章进行排版发布。下面，我们将以微信公众平台为例，对文章的排版进行研究。

排版与阅读体验

此前，我们一直强调读者的阅读体验问题，其实这一问题不仅存在于文章内容里，还存在于文章排版中。与标题中的字符形状相似，文章排版也是视觉效果的体现。当读者在阅读一篇文章时，即使文章内容再好，一旦排版杂乱无章，也会使读者感到反感（如图5-1）。

> ❮返回 ⋯

> 这次落榜使柳永深受打击，因此作了一首《鹤冲天》，以泄愤懑之情：

> 黄金榜上，偶失龙头望。明代暂遗贤，如何向。未遂风云便，争不恣游狂荡。何须论得丧？才子词人，自是白衣卿相。

> 烟花巷陌，依约丹青屏障。幸有意中人，堪寻访。且恁偎红倚翠，风流事，平生畅。青春都一饷。忍把浮名，换了浅斟低唱！

> 柳永本就生性风流，时常与青楼歌妓厮混。这次，考场失意的他来到风月场所抚慰自己内心的伤痛。于是，便有了这首《如鱼水》。

> 帝里疏散，数载酒萦花系，九陌狂游。良景对珍筵恼，佳人自有风流。劝琼瓯。绛唇启、歌发清幽。被举措、艺足才高，在处别得艳姬留。

> 浮名利，拟拚休。是非莫挂心头。富贵岂由人，时会高志须酬。莫闲愁。共绿蚁、红粉相尤。向绣幄，醉倚芳姿睡，算除此外何求。

> 正如柳永所说，"在处别得艳姬留"。由于他善写艳词，可谓当时坊间第一"流行歌曲"词作家，因此其在歌妓中大受欢迎。而风月场中

图5-1　未经排版的文章

相信无论是谁，看到这样一篇未经排版的文章，都难以阅读下去。因此，从阅读体验的角度来看，排版的重要性并不亚于文章内容。不过，较之文章内容，排版工作相对简单，只需要简单编辑，即可让文章的视觉效果得到很大改观（如图 5-2）。

这次落榜使柳永深受打击，因此作了一首《鹤冲天》，以泄愤懑之情：

黄金榜上，偶失龙头望。明代暂遗贤，如何向。未遂风云便；争不恣游狂荡。何须论得丧？才子词人，自是白衣卿相。

烟花巷陌，依约丹青屏障。幸有意中人，堪寻访。且恁偎红倚翠，风流事，平生畅。青春都一饷。忍把浮名，换了浅斟低唱！

柳永本就生性风流，时常与青楼歌妓厮混。这次，考场失意的他来到风月场所抚慰自己内心的伤痛。于是，便有了这首《如鱼水》：

帝里疏散，数载酒萦花系，九陌狂游。良景对珍筵恼，佳人自有风流。劝琼瓯。绛唇启、歌发清幽。被举措、艺足才高，在处别得艳姬留。

浮名利，拟拚休。是非莫挂心头。富贵岂由人，时会高志须酬。莫闲愁。共绿蚁、红粉相

图 5-2　经过简单排版的文章

其实，只要三个步骤即可达到这一效果，而这三步也是在微信公众平台进行排版时的必要步骤。

首先，每段的首行缩进应被删除。在正常情况下，每个自然段的首行需要缩进两个全角字符。但是，由于移动端界面的尺寸有限，导致其显示内容相对较少但显示密度较大，因此首行缩进会显得文章排版凌乱。删除首行缩进后，文章真正实现了"左对齐"，在视觉上给人以整齐感。

然后，自然段之间空一行。同样，因为移动端界面的尺寸问题，如果没有在自然段之间使用任何分割措施，大量文字"粘连"在一起，很容易使读者看错行。在自然段之间插入空行后，展现在读者面前的是一段段整齐的文字，对提升阅读体验帮助极大。

最后，对齐方式选择两端对齐。这是最容易被忽视，却与上面两个步骤同样重要的一点。通常，文章的默认对齐方式为左对齐，这使得在删除首行缩进后，文章左侧虽然同处一条直线上，但右侧会由于行内存在字母、数字、标点等因素而导致参差不齐。这种情况下，两端对齐让文章左右两侧分别处于同一直线上，在删除首行缩进与自然段间空行的配合下形成整齐的"文字块"，大大提升读者的阅读体验。

整体来看，新媒体平台的排版工作是围绕着移动端界面尺寸较小的现实进行的。通过在有限的尺寸中使用各种排版手段提升阅读体验，是新媒体平台排版工作的最终目标。以上三个步骤是一切排版工作的基础，你还可以根据自家媒体的具体情况，进一步使用其他排版方式展现自己独特的风格。

排版风格的选择

每家媒体都有自己的风格，正如每个人都有自己的个性；根据自家媒体的风格，我们可以使用独特的排版方式，正如每个人的相貌都不相同。我们在前面展示的是排版的基础格式，下面，我们将在此基础上进行"优化"，最终形成自己的风格。在微信公众平台上，基础格式的排版除将对齐方式改为两端对齐外，其他选项均为默认设置。要彰显自己的风格，就需要在保证良好视觉效果的前提下对其他选项进行调整。

以我们刚刚撰写完成的软文为例，虽然我们目前无法得知文章将发布在哪个媒体上，但可以就其内容风格进行排版练习。由于文章主题为柳永的故事，可归在"文学"分类下，因此我们可以考虑使排版风格更"文艺"一些。

　　一般情况下，"文艺"的排版风格需要让读者感到"精致"，减少视觉冲击力。因此，我们可以通过调小字号、使用两端缩进、加大行间距等手段实现这一风格（如图5-3）。

〈返回　　　　　　　　　　　　…

这次落榜使柳永深受打击，因此作了一首《鹤冲天》，以泄愤懑之情：

黄金榜上，偶失龙头望。明代暂遗贤，如何向。未遂风云便，争不恣游狂荡。何须论得丧？才子词人，自是白衣卿相。

烟花巷陌，依约丹青屏障。幸有意中人，堪寻访。且恁偎红倚翠，风流事，平生畅。青春都一饷。忍把浮名，换了浅斟低唱！

柳永本就生性风流，时常与青楼歌妓厮混。这次，考场失意的他来到风月场所抚慰自己内心的伤痛。于是，便有了这首《如鱼水》。

帝里疏散，数载酒萦花系，九陌狂游。良景对珍筵恼，佳人自有风流。劝琼瓯。绛唇启、歌发清幽。被举措、艺足才高，在处别得艳姬留。

浮名利，拟拚休。是非莫挂心头。富贵岂由人，时会高志须酬。莫闲愁。共绿蚁、红粉相尤。向绣幄，醉倚芳姿睡，算除此外何求。

图5-3　体现"文艺"风格的排版

　　我们将字号、两端缩进、行间距分别从默认值调至15px、16、1.5，排版立刻变得"小清新"气息十足，凸显了"文艺"风格。因为字体变小会对读者流畅阅读文章造成一定障碍，所以我们调大行间距加以平衡。设置两端缩进则是为了利用"留白"让排版更加整洁。此外，我们还可以对字体颜色、背景色、字间距等进行调整，最终达到理想的排版风格。

当然，这些只是为排版风格定下大基调，后面还有细节完善工作等着我们来做。

加强排版细节

在对文章进行初步排版后，我们便可以对排版细节进行深入"刻画"。

由于我们的文章中存在多篇柳永词的原文，因此我们可以考虑将这些内容与其他部分区分开来。如果要表示引用内容，我们可以使用调小字号、更改字体颜色等方式实现目的。当然，我们也可以使用微信公众平台默认的引用格式（如图 5-4）。

不难看出，微信公众平台默认的引用格式是将相关内容的左侧设置缩进，并添加一条灰色竖线。这样虽然可以体现出引用内容，但仍不明显，我们可以考虑在此基础上加入前面提到的关于字号与字体颜色的设置（如图 5-5）。

这次落榜使柳永深受打击，因此作了一首《鹤冲天》，以泄愤懑之情：

黄金榜上，偶失龙头望。明代暂遗贤，如何向。未遂风云便，争不恣游狂荡。何须论得丧？才子词人，自是白衣卿相。

烟花巷陌，依约丹青屏障。幸有意中人，堪寻访。且恁偎红倚翠，风流事，平生畅。青春都一饷。忍把浮名，换了浅斟低唱！

柳永本就生性风流，时常与青楼歌妓厮混。这次，考场失意的他来到风月场所抚慰自己内心的伤痛。于是，便有了这首《如鱼水》：

帝里疏散，数载酒萦花系，九陌狂游。良景对珍筵恼，佳人自有风流。劝琼瓯。绛唇启、歌发清幽。被举措、艺足才高，在处别得艳姬留。

浮名利，拟拚休。是非莫挂心头。富贵岂由人，时会高志须酬。莫闲愁。共绿蚁、红粉相尤。向绣幄，醉倚芳姿睡，算除此外何求。

これ次落榜使柳永深受打击，因此作了一首《鹤冲天》，以泄愤懑之情：

黄金榜上，偶失龙头望。明代暂遗贤，如何向，未遂风云便，争不恣游狂荡。何须论得丧？才子词人，自是白衣卿相。

烟花巷陌，依约丹青屏障。幸有意中人，堪寻访。且恁偎红倚翠，风流事，平生畅。青春都一饷。忍把浮名，换了浅斟低唱！

柳永本就生性风流，时常与青楼歌妓厮混。这次，考场失意的他来到风月场所抚慰自己内心的伤痛。于是，便有了这首《如鱼水》：

帝里疏散，数载酒萦花系，九陌狂游。良景对珍筵恼，佳人自有风流。劝琼瓯。绛唇启、歌发清幽。被举措、艺足才高，在处别得艳姬留。

浮名利，拟拚休。是非莫挂心头。富贵岂由人，时会高志须酬。莫闲愁。共绿蚁、红粉相尤。向绣幄，醉倚芳姿睡，算除此外何求。

图5-4　微信公众平台默认引用格式　　图5-5　调整后的引用内容

我们将字体颜色设置为深灰，使其与内容左侧竖线颜色相近，让读者从视觉效果角度获得和谐感。此外，我们还将字号从15px调至14px，分清主次关系，提高阅读体验。

除引用内容外，文章内往往存在一些需要突出显示的重点内容。对于这些内容，我们可以使用调大字号、更改字体颜色、更改背景色、加粗等方式，具体风格视文章内容及媒体风格而定。在这里，我们需要突出显示的重点内容只有本书书名，因此我们可以对文字调大字号并加粗，还可以将其颜色设置得醒目一些（如图 5 - 6）。

〈返回　　　　　　　　　　　　…

了"大俗者大雅"，以致苏轼在读过他的《八声甘州》后，做出了"不减唐人高处"的评价。

对潇潇暮雨洒江天，一番洗清秋。渐霜风凄紧，关河冷落，残照当楼。是处红衰翠减，苒苒物华休。惟有长江水，无语东流。

不忍登高临远，望故乡渺邈，归思难收。叹年来踪迹，何事苦淹留。想佳人妆楼颙望，误几回、天际识归舟。争知我，倚栏杆处，正恁凝愁！

事越千年，人们也许不晓得天圣二年的状元是"连中三元"的宋庠，也不在乎柳永于景祐元年的恩科上得中进士，但人们却记得市井之中有一位善填慢词的"白衣卿相"。究其原因，柳永的成功之道在于其找到了正确的读者。就像写软文，没有选对目标读者往往会事倍功半，降低软文的推广效果。

如何选对读者？软文写作有哪些套路？如何写出范例级别的软文？如何让软文营销获得理想的效果？一切的答案尽在这本挑战你固有思维的软文教程——《软文法则》之中。

图 5 - 6　重点内容设置

虽然图片中的效果并不十分明显，但在读者实际阅读的情况下，当其读到文章结尾部分时，会在第一时间看到最下方的书名，从而使我们实现广告宣传的最终目的。此外，我们可以对于一些较长的文章进行"分割"，即按文章内容，或以标题，或以数字，将其分为几部分，以降低读者在阅读过程中的疲劳感。

　　最后，我们介绍一下微信排版工具。在实际排版操作中，很多运营人员都会借助微信排版工具对文章进行美化。对于这些工具，想必无需作过多介绍，我们将在附录中列出一些微信排版工具，希望能对读者的实际工作有所助益。

　　当然，无论使用何种工具、彰显何种风格，我们在排版过程中应以优化读者阅读体验为最终目的，切忌"不修边幅"与"画蛇添足"。毕竟，从产品的角度来看，文章排版好似产品外形设计，产品外形越漂亮，越容易获得用户的青睐。

图片与阅读体验

　　在移动端，图文并茂的排版方式往往更容易提起读者的阅读兴趣。在文章排版中加入适当的图片会使文章获得加分，但若是用图不当，则会适得其反。在排版过程中，应该如何选择合适的图片？我们将对这一问题进行详细剖析。

小图片的大作用

　　在文章排版中，图片的实际尺寸并不会很大，但其往往发挥着重要的作用。

首先，图片有利于读者理解文章内容。一些文章需要使用图片对其内容进行详细解释，这些图片通常与文章内容息息相关。虽然这些图片的尺寸与位置相对固定，难以修改，但其却为必需品，一旦缺失便会影响读者对文章的理解。

其次，图片可以缓解视觉疲劳。虽然我们已经通过调整文字颜色、字号、行间距等方式提高了阅读体验，但大量文字堆积终究会引起读者视觉疲劳，而将图片插入文中则可以缓解这一问题。除此之外，插入图片还可起到分割线的作用，其本质与缓解视觉疲劳相同。

最后，图片可以美化排版效果。虽然微信公众平台为图片提供的样式较少，但在排版工具的帮助下，图文混排可以调整单调的版式，提高文章的视觉效果，实现美化排版的目的。这不仅会改变枯燥的排版格式，也会使你的作品风格脱颖而出。

对于以上三点，我们必须强调，排版中的图片使用须以恰到好处为前提，切忌"画虎不成反类狗"。换言之，若图片无法对排版效果产生锦上添花的影响，则不如不用。因此，如何挑选有益于排版的图片便成为我们将要面对的问题。

图片的挑选

我们已经解释过在以微信公众号为代表的移动端新媒体发布的作品中图片的重要性。下一步，我们就要探究哪些图片可以实现这些重要的作用，即图片的选取。在此之前，我们需要明确一点：由于调整空间小，因此文章必需的图表不在我们的讨论之列。排除这一情况，挑选图片的原则共有五条。

第一，选择图片应遵循宁缺毋滥的原则。这是选择图片的根本原则。图片存在的意义往往为衬托文章，如果图片因为清晰度、内容等问题成为文章的累赘，那么不如放弃使用图片，将注意力放在如何做好文字排版上。

第二，放置图片的位置不可打断文意。我们在插入图片时应以保证阅读体验为第一要务，切不可在两段意义连贯的文字间插入图片。换言之，我们应在两段内容联系不紧密的文字间插入图片。理想情况下，我们应该在文章的一部分内容结束后插入图片。

第三，图片应与文章相符。其中包含着两层含义：内容相符与风格相符。内容相符是指图片内容应与文章内容相同。网络上有些散文无论内容如何，均以花草图片为衬，使读者无法将文章与图片看作整体，影响读者阅读体验。风格相符是指图片风格应与文章风格统一。试想一下，若读者阅读杨绛先生的《我们仨》时，突然看到文中出现一幅流传于网络的家庭搞笑漫画，恐怕会瞬间"出戏"，并质疑运营者的排版水平。

第四，图片之间应风格相近。保证一篇文章内图片风格统一是对排版工作的基本要求。若一篇文章内照片、油画、国画、漫画俱全，只会看得读者眼花缭乱。因此，除刻意追求图片间风格反差的特例外，我们应选择风格相似的图片，以保持图片的整体性。极端情况下，我们可能还需选择色调相似的图片以保持图片间的协调一致。

第五，图片尺寸应适中。如果一幅只起到美化作用的插图占据整整一页手机屏幕甚至更多，恐怕会大大影响读者的阅读体验。因此，此类图片通常多为横图。此外，若条件允许，图片的尺寸应大体相似。在不引起版权纠纷的情况下，我们也可以对图片进行剪裁，调整为我们所需要的尺寸。

此外，为方便排版工作，附录也收录了一些免费图片网站的地址。

反思与进步

一篇文章无论反响好坏，其背后都有值得分析的原因。一般情况下，当一篇文章被发布后，我们可根据其阅读量、分享数、读者评论等信息对文章的优点和不足进行分析。由于我们为本书撰写的软文并未发布，因此只能以经验对其进行分析。

软文法则

发现文章优点

每篇能够吸引读者的文章都有其优点，对其加以总结有利于我们更好地撰写出受欢迎的文章。而对于自己的文章，我们也应及时总结其优点，以便日后撰写文章时可以顺手拈来，事半功倍。一般说来，对文章优点的解读应以读者的反馈为据。只有清楚读者阅读并转发分享文章的原因，才能将其运用在未来的文章撰写工作之中。正如前面提到的，《他是歌妓心里的宰相，皇帝眼中的小丑》一文没有经过读者检验，因此我们只得"纸上谈兵"，凭经验分析本篇文章的优点。

首先，我们在撰写文章的过程中可以充分利用关键词。

在这篇文章中，我们几乎使用了所有可用的关键词。就微信的搜索功能而言，对文章主题长尾关键词的使用可以让我们的文章更容易被读者搜索到，而对广告内容的使用则有利于吸引目标读者，提高读者转化率。

其次，我们的过渡部分较为平缓。换言之，就是我们广告内容的"硬度"较低。平缓的过渡更容易使读者接受广告内容，避免了引起反感情绪。虽然"峰回路转"的广告植入方式并不十分讲究广告"硬度"，但我们应有意识地接近"均衡硬度"，以获得最好的宣传效果。

最后，我们在排版方面突出了自己的风格。排版风格是读者点进文章后作品第一时间与其他文章区别开来的因素。我们虽然没有在挑选图片阶段进行实际操作，但我们已经可以从文字排版中看出本作独特的风格。

总结自身不足

孟子曰："行有不得者，皆反求诸己。"如果一篇文章没有得到预期效果，那么我们应该先从自己身上找问题。发现问题是为了在未来的文章撰写工作中避开这些问题，因此这一步骤的重要性不容忽视。

首先，为了充分利用关键词，我们的文章中引用内容有些多。在实际的排版操作过程中，我们调整了引用内容的字号与字体颜色，这导致过多的引用内容将文章割裂成若干碎片，存在影响读者体验的可能。

其次，某些段落字数过多。我们多次强调，以手机为代表的移动端设备尺寸较小，因此一些字数较多的段落行数会变多。由于字号较小，一旦这些段落在移动设备上显示的行数过多，读者很容易看错行，从而影响阅读体验。

最后，"他是歌妓心里的宰相，皇帝眼中的小丑"这一标题还存在优化空间。诚然，这一标题运用的疑问体可以激发读者好奇，但其吸引力仍略显不足。此外，该标题在字符形状方面仍有提高的可能性。

第 **3** 部分

培养软文 "软素质"

06/ 为思维安插翅膀

风之积也不厚，则其负大翼也无力。

——《庄子·逍遥游》

支撑想象力的三种思维

《庄子·逍遥游》一文以汪洋恣肆的笔法为我们描绘出一幅天马行空的图画。文中，庄子提到"风之积也不厚，则其负大翼也无力"，用来解释鹏"抟扶摇而上者九万里"是借助风的力量。我们在撰写软文的时候也是如此，一篇好的软文需要想象力的承载。一旦想象力不足，文章则会枯燥无味，难以吸引读者。通常情况下，我们撰写软文需要使用有关想象力的三种思维方式——联系思维、发散思维、整合思维。

联系思维

联系思维可以将两个元素通过想象力连接在一起。这一思维从一点到另一点，如同线段。如何连接这两点，就要依靠你的想象力了。要解释联系思维，我们还是要从《庄子·逍遥游》说起。

北冥有鱼，其名为鲲。鲲之大，不知其几千里也；化而为鸟，其名为鹏。鹏之背，不知其几千里也；怒而飞，其翼若垂天之云。是鸟也，海运则将徙于南冥。南冥者，天池也。

文章开篇，两种迥然不同的生物展现在我们眼前——鲲和鹏。其实，在《列子·汤问》中也有关于鲲和鹏的记载，不过其内容与《庄子·逍遥游》略有不同。

终北之北有溟海者，天池也，有鱼焉。其广数千里，其长称焉，其名为鲲。有鸟焉，其名为鹏，翼若垂天之云，其体称焉。世岂知有此物哉？大禹行而见之，伯益知而名之，夷坚闻而志之。

不难看出，《列子·汤问》中的鲲和鹏之间没有任何关系，而《庄子·逍遥游》则认为鹏是鲲变化而成的。说到这里，便出现了联系思维。这种思维我们经常会使用到，但有时这种思维是一种无意识的行为，且存在一些误区。举例来说，假如我们没有读过《庄子·逍遥游》一文，但是要讲一个关于鲲和鹏的故事，可以有哪些方案？

从理论上讲，把这两个元素连接起来的方式有无穷多种。但这只是引申层级，若要从根源寻找二者关系，方案只有两个，即"鲲等于鹏"与"鲲不等于鹏"。显然，《庄子·逍遥游》中的故事属于前者。

我们在日常写作中经常会运用联系思维，但我们第一时间想到的方案往往仅限于引申层级。这种思维定势如同没有明确软文的本质就开始着手撰写文章一样，很难达到预期效果。长此以往，这种思维定势会禁锢我们的想象力，使方案总数大打折扣。因此，在遇到需要将两个元素连接起来的问题时，我们应先从根源考虑，"刻意"运用联系思维。

在实际运用联系思维时，我们应首先判断是否需要将两个元素联系起来，即"点对点"。在确定之后，我们就可以告诉自己此时需要运用联系思维。下一步工作就是找到两个元素的根源联系并选择其中之一。最后，就已选的根源联系进行引申，以一种自己满意的方式将两个元素连接起来。

发散思维

发散思维与联系思维相似，但我们只能确定一个元素。由于缺少一个"端点"，这一思维从一点出发，向外延伸，如同射线。不同于联系思维，这种情况下，你不仅需要找到联系的方式，更要在此之前确定联系什么。让我们继续以《庄子·逍遥游》为例说明。

蜩与学鸠笑之曰："我决起而飞，抢榆枋而止，时则不至，而控于地而已矣，奚以之九万里而南为？"适莽苍者，三餐而反，腹犹果然；适百里者，宿舂粮；适千里者，三月聚粮。之二虫又何知！

小知不及大知，小年不及大年。奚以知其然也？朝菌不知晦朔，蟪蛄不知春秋，此小年也。楚之南有冥灵者，以五百岁为春，五百岁为秋；上古有大椿者，以八千岁为春，八千岁为秋。此大年也。而彭祖乃今以久特闻，众人四之，不亦悲乎？

　　庄子在讲完蜩、学鸠与鹏的故事后，引出了"小知不及大知，小年不及大年"的观点，接着，他以朝菌、蟪蛄、冥灵、大椿、彭祖为例，进一步解释上述观点。这一举例环节便是发散思维的实践过程。与庄子相似，我们运用这种思维，通常是在需要寻找支持某一观点的案例时。

　　为了支持"小知不及大知，小年不及大年"的观点，庄子先用"朝菌不知晦朔，蟪蛄不知春秋"的例子解释何为"小年"，接着用"楚之南有冥灵者，以五百岁为春，五百岁为秋；上古有大椿者，以八千岁为春，八千岁为秋"的例子阐述何为"大年"。最后，他又以彭祖为例，说明其长寿虽常被众人拿来与自己比较，但与"冥灵"和"大椿"相比，也只是"小年"而已。

　　我们可以发现，与联系思维不同，发散思维对思维方式本身的要求并不太高，其更看重平日知识与素材的积累：只有尽可能多地积累案例才能应对写作时出现的各种观点。换言之，如果脑内空空，那么寻找案例的过程就会变成"大海捞针"。关于这一问题的解决方案我们将在下一章中详细说明。

就运用方法而言，发散思维有些类似于头脑风暴，即以一个确定的观点为基础，自由思考，寻找支持该观点的案例。在这一过程中，可以先对案例进行罗列，不去对任何一个案例加以判断，待案例全部罗列完毕，再对其进行评价和筛选。

除寻找案例外，发散思维也可运用于线性故事的创作，且该过程较为注重元素间的逻辑性。

整合思维

如果说联系思维和发散思维仅限于"点"和"线"，那么整合思维就是一个"面"。从"面"的角度分析，整合思维存在两种情况：第一种情况是需要将三个或三个以上的元素联系起来，且你可以在其中加入其他非必要元素；第二种情况是已知一个条件范围，你需要在该范围内加入各种元素，以充实这个范围。

从图形角度来说，第一种情况的各元素可看作顶点，将这些顶点连接起来之后便形成了一个平面图形，即元素驱动型。而第二种情况则是已经确定一个平面图形，但需要用诸多元素充实其内部面积，即条件驱动型（如图 6-1）。

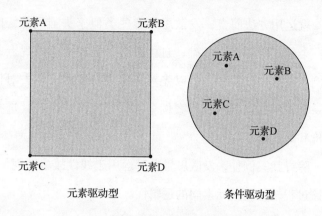

元素驱动型 　　　　　条件驱动型

图6-1　整合思维的两种情况

　　从图中我们可以看出，元素驱动型的整合思维更像是囊括所有元素的联系思维；若将一个观点看作"束缚"案例的范围，条件驱动型的整合思维则与发散思维类似。为进一步解释整合思维，让我们继续引用《庄子·逍遥游》中的例子来说明。

　　故夫知效一官、行比一乡、德合一君、而征一国者，其自视也，亦若此矣。而宋荣子犹然笑之。且举世誉之而不加劝，举世非之而不加沮，定乎内外之分，辩乎荣辱之境，斯已矣。彼其于世，未数数然也。虽然，犹有未树也。夫列子御风而行，泠然善也，旬有五日而后反。彼于致福者，未数数然也。此虽免乎行，犹有所待者也。若夫乘天地之正，而御六气之辩，以游无穷者，彼且恶乎待哉？故曰：至人无己，神人无功，圣人无名。

很明显，这段文字前面的部分皆服务于"至人无己，神人无功，圣人无名"的结论。与线性的发散思维不同，整合思维在确定条件范围后，需要将一个个或独立或有联系的元素"填"入这一范围中。庄子在文章里就把"知效一官、行比一乡、德合一君、而征一国者"、宋荣子、列子放入"至人无己，神人无功，圣人无名"的范围内。其中，"知效一官、行比一乡、德合一君、而征一国者"和宋荣子之间存在联系，即后者嘲笑前者，但列子却相对独立。

实际运用方面，元素驱动型的整合思维更倾向于"编故事"，即发现元素间的联系，选择恰当的联系方式将其"串联"在一起；条件驱动型的整合思维需要在明确某一观点的条件范围的前提下，需找符合该条件的元素，将该观点充实起来。

运用想象力的三种情况

我们已经通过《庄子·逍遥游》解释了与想象力相关的三种思维方式——联系思维、发散思维、整合思维，也从侧面证明利用其进行文章撰写是可行的。那么，这三种思维是如何体现在软文撰写工作中的？让我们逐个对其进行介绍。

联系思维与过渡部分

从文章整体结构来看，过渡部分无疑最能体现想象力中的联系思维。过渡部分的作用是将文章主题与广告内容联系起来。以线段类比，文章主题与广告内容是线段的两个端点，我们需要用过渡部分将这两点连接起来，形成一条线段。

我们的过渡部分应尽量平缓。可以这样考虑，两点间可以用曲线、折线等形式连接，其长度显然大于直线，如同不尽如人意的过渡部分会对读者的阅读过程产生负面影响，使其阅读体验大打折扣（图6－2）。

图6－2　过渡部分与阅读体验

以《他是歌妓心里的宰相，皇帝眼中的小丑》一文为例，文章主题为柳永的故事，而软文的广告内容即产品卖点是"选对目标读者"。确定这两部分的内容后，我们就应考虑如何撰写过渡部分。虽然关于撰写过渡部分的具体方式我们已在第 4 章进行过说明，但在引入联系思维的概念后，我们需要从这一角度进行分析。

我们说过，使用联系思维分析时应从根源进行分析，即两个元素是否相同。但在文章主题和广告内容确定的情况下，我们无须对二者内容是否相同做出判断，可直接进入引申层级的思考，寻找柳永的故事与"选对目标读者"之间的联系。最终，我们运用联系思维以较为平缓的方式完成了文章的过渡部分，从而获得了较好的阅读体验。

发散思维与文章主题

文章主题可谓是一篇软文的"主角"，而我们"选角"的过程使用的便是发散思维。

我们提到过发散思维的一个作用是为观点寻找案例。与之相似，当我们确定产品特点后，需要运用发散思维寻找文章主题。以我们撰写的软文为例，经过对产品的分析，我们确定以"选对目标读者"为产品特点，根据这一特点，我们最终选择将柳永的故事作为文章主题。

在这一过程中，我们以产品特点为端点，以寻找文章主题为目的，画出一条射线。我们都知道，从一点出发可以画出无穷多条线段，这意味着我们对于文章主题有多种选择，类似于前面提到的头脑风暴，而我们要做的则是从众多备选项中挑选一个最合适的主题。

此外，我们还曾提到发散思维亦可用于线性故事的创作。举例来说，假如我们要创作一个关于一名编辑一周工作的故事，则可以从周一开始着手撰写。周一的故事结束后，我们就会将其作为一个端点，进行周二故事的撰写。随后，我们继续以周二的故事为端点，考虑周三的故事。总之，我们依次以前一天为端点，撰写第二天的故事。

一言以蔽之，无论是寻找案例还是撰写故事，发散思维均为从一点出发，做开放性思考，然后选择最佳方案。值得注意的是，最佳方案的选择可以由我们自己决定，但最好根据读者偏好进行选择，即选择读者喜欢的，而不是只有自己喜欢的内容。

整合思维与文章标题

文章标题往往只有十余字或是更少，但其却对应着最为复杂的思维方式——整合思维。由于标题需要言简意赅，同时又要包含应有元素，因此需要我们对多个元素进行整合。

在讨论整合思维时，我们将其分为元素驱动型与条件驱动型两种情况，撰写文章标题运用的是条件驱动型整合思维。一般情况下，标题内容必须与文章主题相关，因此文章主题便成为限制我们选择元素的条件，我们需要在该条件限定范围内展开想象力，进行标题撰写工作。

实际操作过程中，我们可以通过整合文章主题寻找需要的标题元素。《他是歌妓心里的宰相，皇帝眼中的小丑》的主题是讲述柳永的故事，我们就需要在此范围内选择合适的元素。对文章主题的内容进行一番分析之后，我们可以从文章主题中提炼出"仕途失意"与"民间扬名"两个元素。此外，虽然标题内容与文章主题相关，但标题形式也是需要我们考虑的元素之一。由于我们在构思文章标题时决定使用疑问体，因此"设置悬疑"顺理成章地被纳入标题元素特征之列。于是，我们即可运用整合思维将"仕途失意""民间扬名""设置悬疑"三个元素安排在标题之中。最后，"他是歌妓心里的宰相，皇帝眼中的小丑"这一文章标题也就诞生了。

　　值得注意的是，较之过渡部分与文章主题，文章标题的撰写最为考验作者的写作功力。不仅因为其担负着吸引读者的使命，更因为撰写标题需要作者明确标题撰写的条件，并通过想象力准确找到恰当的元素，将其加以整合，最终创造出令人满意的文章标题。

训练想象力的三种方式

　　在介绍过想象力的三种思维方式及其应用后，我们需要对如何训练想象力进行研究。由于我们将支撑想象力的思维方式分为联系思维、发散思维、整合思维三大类，因此我们选择了三种训练方式对应上述三种思维。

事物联系法

　　事物联系法对应联系思维，其实质在于寻找两个元素之间的联系。

　　在使用这一方法时，我们只需寻找两个元素，并使用自己的想象力将其联系起来。从实际运用的角度来看，该方法分为两种形式——接龙形式与故事形式。

接龙形式指使用一个个存在逻辑关系的元素连接两个已确定的元素。举例来说，你在上班的路上看到一辆公交车和一辆轿车，它们就是已确定元素，下面，你需要通过其他元素将公交车与轿车联系起来。这道题的答案可以是"公交车—汽车—轿车"，即公交车是汽车，汽车中包括轿车。也许你会觉得上述问题过于简单，那么我们来提升一下难度。假如你在上班路上正在回味早餐吃过的面包，突然一辆轿车连续鸣笛，吸引了你的注意，这时你便可以考虑如何将这两个元素联系起来。也许"面包—面包机—机械—发动机—汽车—轿车"的答案还算不错。需要强调的是，相邻元素间应存在相对较强的逻辑关联，否则诸如"面包—人—轿车"等"万能答案"会影响练习效果。

故事形式与整合思维的练习方式有些相似，但故事形式仅限于将两个元素连接起来。此外，不同于接龙形式的注重逻辑，故事形式则看重天马行空的想象。让我们依然以"面包"和"公交车"为例，如果答案只是"我早饭吃过面包后就坐着公交车上班去了"，很显然，其中缺少了夸张的想象，不如"我从超市买了面包片后坐公交车回家，到家后才发现由于公交车里太热，面包片变成了烤面包片"的联系生动有趣。当然，我们可以进一步发挥我们的想象力，编出一则冷笑话：面包先生是个公交车司机，经过一个炎热夏天的工作，它现在已经变成了烤面包先生。

从某些方面来看，由于故事形式与整合思维的练习方式存在一定重合，因此使用的频率相对较少。一般情况下，训练联系思维多使用事物联系法中的接龙形式，使用该形式时请务必注意相邻元素间的逻辑关联性。

软文法则

定点发散法

顾名思义，"定点发散法"是指以一个元素为"原点"，以此为基础进行发散思维训练。与事物联系法相同，定点发散法也存在两种形式——接龙形式和加法形式。

定点发散法的接龙形式和事物联系法的接龙形式几乎一模一样，其中差别仅在于事物联系法的接龙形式包含两个已确定元素，而定点发散法的接龙形式只包含一个已确定元素。换言之，定点发散法的接龙形式是从一个元素出发，进行接龙。如依旧从"公交车"出发，可以得到"公交车—轮胎—橡胶—绝缘手套—电工—电路板—音乐贺卡

—童年—罗大佑……"。这是一个无限延伸的过程,你可以在任何时候停止。当然,接龙越长,对发散思维的锻炼就越有效。

至于加法形式,我们需要在已确定元素的基础上添加其他元素,一般多配合图画进行。举例来说,你可以在一张纸上画九个圆,并以每个圆为基础进行绘画创作,使其分别成为九个事物(如图6-3)。

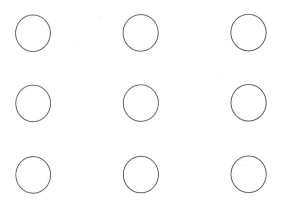

图6-3 分别在九个圆上添加元素使其成为九个事物

这道题应该不会难倒你吧?让我们加大难度:现在,你只能在每个圆上加一笔,使其成为九个不同的事物。这一过程需要充分发挥想象力,从圆形着手考虑,思索生活中有哪些以圆形为基础的事物。经过一番思考,相信你会得出令人满意的答案(如图6-4)。

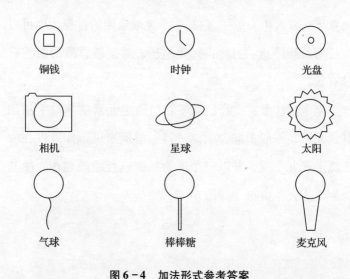

铜钱　　　　　　时钟　　　　　　光盘

相机　　　　　　星球　　　　　　太阳

气球　　　　　棒棒糖　　　　　麦克风

图6-4　加法形式参考答案

俗话说："条条大路通罗马。"以上答案仅供参考，相信你还能找到更多答案。除圆形外，你还可用正方形、长方形、梯形等形状练习。此外，你甚至可以利用具体事物进行练习，如为一匹马加上一些其他元素会变成什么样子？

总而言之，定点发散法中的加法形式就是竭力发挥自己的想象力，从已确定元素出发，获取尽可能多的新事物。

情节整合法

如果要对锻炼整合思维的情节整合法做个简短的概括，那么用"讲故事"来形容再合适不过。这是三个方法中最重要的一个，因为我们经常会在写作工作过程中用到它。在讨论情节整合法前，我们需要从整合思维的元素驱动型和条件驱动型说起。虽然其训练方法均为情节整合法，但我们仍需要分开介绍。

在以情节整合法锻炼元素驱动型整合思维时，你只需随意找一些元素，将其整理成为一个完整的故事即可，从某个角度来看，其与事物联系法中的故事形式颇为相似，只是已确定元素数量由两个变为多个。运用事物联系法时，我们只是将两个元素整合成一个句子，但是在情节整合法中，我们要真正开始撰写故事了。

我们可以使用"太阳""羽毛""兔子"三个毫不相干的元素，利用其为元素撰写一则故事。不过，在动笔之前，我们需要对以上三个元素进行分析。"太阳"是我们非常熟悉的一个事物，除其本意外，"太阳"还有"光明"和"温暖"等引申义；"羽毛"也是我们熟知的事物，多出现在鸟类身上，除本身轻盈外，我们还很容易将其与"飞翔"联系起来；"兔子"同样为我们所熟悉，在童话故事中常以温顺可爱的形象出现。

在对三个元素进行整合后，我们可以像运用联系思维的接龙形式那样寻找元素间的关系。如我们可以通过"太阳—天空—飞翔—羽毛"的联系连接"太阳"和"羽毛"两个元素。经过整理，我们可以得到如下故事。

　　雨后，太阳洒下光芒，天边出现一道彩虹。男孩痴痴地望着彩虹，他一直想与彩虹有一次"亲密接触"。男孩知道，这个愿望几乎不可能实现，但是这次，他鼓足勇气，向着彩虹迈开了步伐。一路上，他遇到结满糖果的大树，流淌蜂蜜的小溪，但这些都没有阻止他继续前进，直到他遇到一只可爱的兔子。这只兔子全身雪白，一条腿被鲜血染红。男孩停下了脚步，用手帕帮它擦干血迹、包扎伤口。兔子抖了抖身子，越变越大，很快就长得比男孩还要高。兔子点了点头，似乎示意让男孩爬上它的背。由于兔子实在太高了，男孩费了九牛二虎之力才爬上兔子的背，他紧紧抓着兔子，一动也不敢动。兔子又抖了抖身子，突然生出一双长满白色羽毛的翅膀，载着男孩飞上了天空。很快，兔子就停了下来，扇动着翅膀悬在天上。男孩向左右望去，身边似乎泛着七彩的光。他抬头看了看太阳，又低头看了看大地，突然明白了自己就在彩虹之中。男孩终于实现了长久以来的梦想，他露出了开心的笑容。

　　以上仅为抛砖引玉之用，想必利用这三个元素撰写一则故事对你来说并非难事。下面，让我们来看看如何在条件驱动型整合思维下运用情节整合法进行想象力训练。

就条件驱动型整合思维而言，我们可能会遇到两种情况：第一种是只有条件，我们可以自由选择元素并使用；第二种是条件和元素均有限制，我们需要考虑如何将已确定元素"放入"规定的条件中。

第一种情况就像命题作文，撰写内容的主动权完全掌握在我们手中。因此，这一情况相对简单，毋庸赘言。而第二种情况不仅对文章主题做出了规定，更是对文章需要涵盖哪些内容做出了限制。举例来说，我们依然要用"太阳""羽毛""兔子"三个元素撰写文章，但这次需要对文章体裁进行规定，如武侠小说。

由于对条件和元素皆有要求，因此撰写的难度大大提高。我们在分析各个元素时，也应以其与条件有何关系为基础，即"太阳""羽毛""兔子"与武侠小说之间分别有什么联系。一番思考过后，我们便可以尝试着手写作。

日薄西山，晚霞中两个若隐若现的人影相对而立。太阳的余晖照在他们脸上，使人可以依稀辨认出原来是当世两大高手——王成和丁元。二人为了争夺金羽毛而对峙，传说那金羽毛可指引得到它的人找到一把神兵利器。此前，金羽毛为丁元所得，但他还没有来得及研究隐藏在金羽毛中的秘密，便收到来自王成的挑战——约他今日傍晚与自己一决雌雄，获胜的人将得到金羽毛。

丁元率先出手，他拔出宝剑步步进逼。王成犹如一只逃脱猎人捕杀的兔子，左躲右闪，躲避着丁元的攻击。突然，王成看出一丝破绽，拔剑向丁元刺去，丁元连忙招架，拨开王成的剑。二人又缠斗数十回合，此时王成已露败象。突然，王成右手虚晃一剑，左手从腰间镖囊内抽出一只飞镖，甩向丁元。丁元正专心应付王成手中宝剑，被那飞镖刺在咽喉上，应声倒地。

王成从丁元身上搜出金羽毛，发现其上刻着奇怪的符号，便决定隐居起来专心研究这些符号。

王成隐居五年，其间找他抢夺金羽毛的人不在少数，虽几次历险，九死一生，但他或胜了对手，或得以幸存。最终，他破解了金羽毛之谜，顺着线索来到一个山洞。山洞内有一宝箱，他迫不及待地朝宝箱扑去，仿佛五年的提心吊胆顷刻间一扫而光。

谁知，箱子中并没有什么神兵利器，只有一块布，上书五个大字：最利是贪心。王成见罢，不由回想起自己暗算丁元以及五年来殚精竭虑、死里逃生的经过。正值他发呆之际，不想一人已手提单刀悄悄出现在自己身后……

　　总而言之，情节整合法的核心在于利用有限的条件与元素，配合无限的想象力，最终构成一个完整的故事。

07/ 成为有准备的作者

吾资之昏，不逮人也；吾材之庸，不逮人也；旦旦而学之，久而不怠焉，迄乎成，而亦不知其昏与庸也。

——《白鹤堂文集·为学一首示子侄》

关注新闻热点

随着移动互联网的广泛应用、新媒体的横空出世，网络上的文章数量呈爆发式增长。一时间，人人都是媒体，人人都有媒体。于是，一场关于内容的战争悄然打响。在这场战争中，内容提供者不仅要比拼内容质量，内容的时效性也成为不可忽视的制胜法宝。由于发布一手新闻难度较大，因此 "借新闻" 成为多数人的做法，即借助热点事件提高作品的受关注度。

新闻与读者需求

众所周知，利用热点事件是吸引读者目光的有效方式之一，也可以将这一方式看作一条捷径。当然，想运用热点事件就需要对时事新闻保持密切关注。我们应该关注哪些新闻事件？这个问题与读者需求紧密联系。

我们在第 1 部分讨论过读者需求的重要性，所以，我们应以目标读者关心的行业新闻为关注重点，以期迎合读者需求。这一点尤其适用于一些专业性较强的媒体，其读者成分与涉及行业较为单一，新闻来源相对容易寻找。一般来说，只需关注相关行业的权威媒体、网站、论坛等即可获得该行业的最新消息。

在这里，我们需要着重介绍大众媒体如何寻找新闻、利用热点事件。

对于大众媒体作者而言，其需要关注的内容会多于专业媒体作者，但寻找新闻的难度相对较低。因为在寻找热点时，大众媒体仅需关注影响力较大的事件，然后再结合本媒体的特点撰写软文即可。

对于一些影响范围相对较小的热点事件，我们需要考虑是否使用，且同样应以读者需求为评判标准。举例来说，若读者以获取知识为目的对特定媒体进行关注，那么该媒体应减少娱乐意味较浓的文章，反之亦然。其实，这也与媒体风格相关，毕竟媒体风格是吸引特定读者关注的主要因素之一。

此外，作为大众媒体的作者，可以通过对读者的分析，研究他们关注的其他媒体，其中包括同平台媒体、综合新闻媒体、社交媒体等，以获得启迪。

热点事件的运用

通常，影响力较大的热点事件与多数人所在的行业关联性并不是很高，但为了吸引读者，我们又不得不"蹭热点"。在这种情况下，如何在第一时间将热点事件与自己所在的行业联系起来，已经成为各大媒体在激烈的内容竞争中脱颖而出的重要方式之一。

首先，第一时间发现热点事件是一切的基础。在这个快节奏的时代里，几乎所有内容会以实时的形式传递给读者。再好的内容一旦错过宣传时机，也会变成明日黄花。

所以，应提高对新闻的关注频率，或每天定时浏览新闻，寻找是否有可资使用的热点事件。

其次，我们需要思考热点事件能否与自己所在的行业相关联。这里，我们需要使用事物联系法的接龙形式寻找其中关系，即寻找热点事件与自己行业间的逻辑关系。这一关系可以决定文章主题的选择和过渡部分的创作。

最后，我们应尽可能快地完成软文并发布出来。为节省构思时间，此类文章通常会采用"柳暗花明"的广告植入方式。在此过程中，我们还应考虑所撰写的文章要满足读者的哪项需求，做到有的放矢，增加读者转发分享的可能性。

当然排版问题也是不容忽视的，但在"争分夺秒"的情况下，我们大可使用自家媒体原有的排版风格。

总而言之，运用热点事件撰写软文的核心就在于"快"，需要快速发现热点、快速撰写文章、快速排版发布。

养成阅读习惯

阅读之于作者就像弹药储备之于战士，可以使我们在面对文章撰写工作时更加游刃有余。就内容方面来说，不同的阅读材料会给我们带来不同的帮助。下面，我们会将阅读材料分为经典作品、专业知识、同行文章，来看看它们各有什么作用。

经典作品是座宝库

卡尔维诺在《为什么要读经典作品?》一文中表示："经典作品帮助我们理解我们是谁和我们所到达的位置。"但他同时也表示："我还真的应该第三次重写这篇文章，以免人们相信之所以要读经典作品是以为它有某种用途。"

当然，阅读经典作品的好处不言而喻，不过，我们现在要提及的理由颇具功利性，即卡尔维诺所说的"某种用途"。这种用途可以用杜甫在《奉赠韦左丞丈二十二韵》中的"读书破万卷，下笔如有神"两句诗来概括。

一般情况下，经典作品对我们进行写作的帮助来自两个方面——确定主题与提高格调。

一方面，将经典作品作为文章主题最直接的好处就是可以使读者产生熟悉感。由于经典作品的知名性，即使没有读过的人也会对其有所了解，因此以经典作品为文章主题可第一时间吸引读者的目光。不仅如此，得益于经典作品的深厚内涵，我们更有可能提高文章的可读性。

另一方面，使用经典作品作为文章主题还可满足读者慰藉心灵的需求。经典作品是被人们公认的佳作，换言之，经典作品或多或少地流淌着"高格调"的血统。在如今的网络环境中，高格调的内容往往更容易满足读者慰藉心灵的需求。当然，其也更容易满足读者的虚荣心。

无论从个人修养的角度还是从功利的角度来看，阅读经典作品无疑会让人受益匪浅。

专业知识不容忽视

很多新媒体都有自己的专注行业，同时也有很多同行业竞争媒体。本质上，同行业媒体间的竞争就是对读者有限的阅读时间的争抢。从专业角度来看，不同于一般媒体，关注专业媒体的读者多以获得知识为主要需求，也就是说，专业媒体必须让读者真正阅读到对其有实际用处的文章。

获取专业知识的渠道很多，除了书籍，网络媒体也很重要。这里所说的是与自家媒体不属于同一平台的网络媒体，毕竟同一平台的媒体难免互相影响，严重者甚至造成内容同质化。为避免这一问题的出现，跨平台阅读就成为了我们的必要选择。此外，辨别专业知识的真伪也是重要的一环。由于网络上存在一些错误信息，因此我们在获取专业知识的同时一定要本着怀疑精神认真鉴别，以免被错误的知识误导。

当我们积累了一定的专业知识后，便可在写作时运用自如，同时也可以使我们的文章更具专业性。值得注意的是，在撰写文章的过程中，我们需要考虑如何将自己获得的专业知识深入浅出地传达给读者。这一问题关乎写作技巧和阅读体验，这里我们不做过多赘述。

同行文章内藏玄机

软文法则

这里所说的"同行文章"是指同平台其他媒体的文章。如果说我们可以从跨平台媒体处发现新的专业知识，那么我们也可以从同平台媒体处学到更多的写作技巧。

子曰："三人行，必有我师焉；择其善者而从之，其不善者而改之。"同平台媒体不仅是我们的竞争对手，也是我们的良师益友。无论是文章主题的选择、广告内容的植入，还是文章结构的分配、标题内容的撰写，我们都可以从同平台媒体那里获得新的思路。

在阅读同平台媒体的文章时，我们无须过于关注文章具体内容，而是应该着重对其写作技巧进行分析。同时，还可考虑若是自己撰写同样内容的文章会创作出怎样的作品，并在对比中总结经验。除此以外，我们还可以从其文章的读者反馈中总结经验，就像我们在发布自己的文章后进行反思一样。

总而言之，对同平台媒体的作品进行分析如同实施竞品分析，使我们对自己创作的文章的优化方向有所依据，也可以让我们避开一些行业内媒体容易出现的错误和误区。但由于其主要停留在写作技巧层面，因此其重要性较阅读经典作品和专业知识稍低一些，我们不应以此作为积累素材的首要手段。

坚持练习成就质变

彭端淑说自己"旦旦而学之，久而不怠焉，迄乎成，而亦不知其昏与庸也"，可见持之以恒的练习对一个人的提高是何其重要。下面，我们就来简单说说作为一名编辑，应该坚持训练哪些能力。

坚持想象力练习

不知道你有没有这种体验：有时自己会"灵光一闪"，想到一个令人满意的点子，但你若此时回想自己是如何想到这个点子时，却发现其中毫无逻辑可言，一切都发生在一瞬间。

如果你有过这种体验，那么恭喜你，你正试着总结自己的思维方式。而这种无法总结的"灵光一闪"，我们可以将其类比为肌肉记忆，一旦培养出系统的思维方式，你将能够很快解决一些问题。

我们已经介绍过关于想象力的练习方式，这些练习会帮助你训练"思维的肌肉记忆"，从而更快地解决问题。

软文法则

在进行想象力练习的时候通常分为两种情况。第一种情况是无意间的练习，这种情况是思维的无意识行为。举例来说，你坐在公交车靠窗的座位上，此时手机已经因为没电而关机了，百无聊赖的你望着窗外的车水马龙，不由得展开联想……其实，严格意义上，这种无意识的行为并不能称为"练习"，因为较之有意识行为，其很难对思维方式进行总结与优化。因此，我们就有必要对思维进行刻意练习。让我们同样用前面的场景举例，如果你在百无聊赖之中看到一辆轿车，并开始思考其与公交车的联系，此时，你正在进行刻意练习。

正如我们在介绍事物联系法时以"公交车—汽车—轿车"为例，我们可以从中总结出"特殊——一般—特殊"的规律。这是我们之所以进行刻意练习的原因，只有经过总结的思维才能被梳理成体系、总结成方法论。一旦你从"公交车—汽车—轿车"总结出"特殊—一般—特殊"的规律，那么当你在思考（比如说）香蕉与苹果的关系时，便能很快得到"香蕉—水果—苹果"的结论。而每一次的练习都会为"思维的肌肉记忆"积累经验，最终使你在遇到类似问题时实现条件反射。

坚持阅读思考

想必你一定听过高尔基的那句名言——"书籍是人类进步的阶梯。"短短一句话形象地传达出阅读的重要性。若能每天坚持阅读，假以时日你定会取得质的飞跃。朱熹曰："读书之法，在循序渐进，熟读而精思。"因此想获得质的飞跃必须假以时日，切不可急于求成、半途而废。因此，你需要每天安排专门的阅读时间进行经典作品的阅读。

对于同行文章，大多数人通常会在碎片时间对其进行浏览。如果想在这一背景下有所收获，我们就要在有限的时间中提高效率。这里的效率并非指阅读速度，而是指在短时间内对写作技巧进行总结。这就需要我们边阅读边思考。正如我们在前面所提到的，在阅读同行文章时，内容并非重点，学习其中"套路"才是我们的首要任务。

多数情况下，我们阅读专业资料的时间是不限定的。我们有可能在上班路上利用碎片时间查阅一些专业资料，也可能在家中利用专门时间仔细研读相关书籍。无论哪种情况，对我们的要求都是记住这些专业知识。换言之，不同于阅读经典作品的"理解"和阅读同行文章的"总结"，阅读专业知识需要我们进行记忆。

坚持动笔写作

老舍先生在年轻时每天都会坚持进行三四千字的写作练习，年老后每天也会将练习字数保持在一千五百字左右。对此，你可能会想："我每天的工作就是写作，有时写作字数比老舍先生还要多。"诚然，身为编辑，我们每天面对着动辄上千字的工作量，如果只按字数评判，可能相当一部分编辑已经可以被称为文学家了，但事实并非如此，其中原因何在？

反思与总结的作用不可忽视。子曰："学而不思则罔，思而不学则殆。"单纯地进行写作对我们提高写作水平只有十分有限的促进作用。只有及时对自己的作品进行评估，并加以总结，才能真正获得提高。

此外，我们在工作中撰写的文章大多只是 "例行公事"，写作手法与风格相对单一，且文章所涉及的领域相对固定，长此以往很难对我们提高写作水平有明显帮助。这也要求我们进行工作外的写作练习。

也许因为工作繁忙，我们无法坚持每天练习，但若有思路，则最好及时记录下来。除平时的思路外，我们还可以将对于思维的总结整理成文。需要注意的是，这些文章都要保质保量，切忌仅作为备忘录，寥寥几笔了事，放弃练习写作的机会。若实在是无暇练习，空闲时编编 "段子"也可以达到练习效果。当然，质量仍为第一要务。

08 / 撰写软文的 "成功之道"

君子生非异也，善假于物也。

——《荀子·劝学》

软文的特别"分类"

我们在前文中提到，目前市面上的多数软文教程类图书均以提供模板为主，或以体裁分类，或以行业分类。不同于这些分类方式，我们将以"哪些类型的文章更受欢迎"作为评判标准，跨越体裁、行业，乃至内容的束缚，寻找对软文来说真正实用的"类别"。

"五味俱全"的"鸡汤"

1993 年，杰克·坎菲尔与马克·维克多·汉森合著了《心灵鸡汤》，随后，一场关于"励志"的风暴从美国刮至全球。其在中国的兴起要归功于 21 世纪初互联网行业的快速发展。随着博客、个人空间、SNS 平台的发展，"心灵鸡汤"式的文章迎来了黄金时期。这些鼓舞人心、催人奋进的"正能量"文字开始充斥整个网络空间。一时间，诸如"活着，就有希望""一个人的快乐不是因为他拥有的多，而是他计较的少""成功不过是我坚持了，而你没有"等句子被奉为经典。

"心灵鸡汤"充分发挥其励志的特点，给失望者希望，令沮丧者振作。我们必须承认，"心灵鸡汤"在那段时间确实鼓舞了很多身处低谷的人重拾勇气，最终得以走出阴霾、复见阳光。

然而，子曰："过犹不及。"大量"心灵鸡汤"以铺天盖地之势席卷互联网时，也因其不提供方法论、整体质量下降、读者产生审美疲劳等原因使这一本来大受欢迎的文章类别成为了众矢之的，为很多人所不屑。于是，与"心灵鸡汤"风格完全相反的"毒鸡汤"正式出现在读者的眼前。

　　不同于传播"正能量"的"心灵鸡汤","毒鸡汤"通常或多或少地包含一些"负能量"内容，至少会让读者在阅读完整篇文章后心中泛起一丝不快甚至忧伤。不过，正应了赵翼在《题遗山诗》中"国家不幸诗家幸，赋到沧桑句便工"的感慨，悲剧往往比喜剧更容易引起读者的共鸣。

　　如果说"心灵鸡汤"是通过励志的词句鼓励读者，那么"毒鸡汤"就是通过展示"现实的残酷"来"骂醒"读者。虽然此二者本无优劣之分，但在读者们对"心灵鸡汤"普遍产生抵触情绪后，如今"毒鸡汤"显然更受欢迎一些。当然，"毒鸡汤"的流行并不意味着"心灵鸡汤"已无市场。事实上，要"熬"出怎样的鸡汤，还需要看目标读者的"口味"如何。

　　在文章的实际撰写过程中，无论是"心灵鸡汤"类软文还是"毒鸡汤"类软文，我们都要注重避免"为了写鸡汤而写"的误区，防止牵强附会的情况发生。此外，"心灵鸡汤"应争取在传达"励志"主题的同时为读者提供方法论，即"给鸡汤又给勺子"，否则，"心灵鸡汤"将变成"食之无味，弃之可惜"的"鸡肋"。而"毒鸡汤"须避免因过于追求犀利观点而导致内容有失偏颇，使文章从"骂醒”读者的警语变成指手划脚的詈言。

总而言之，“心灵鸡汤”与“毒鸡汤”均直指读者“慰藉心灵”的需求，软文作者需要准确把握目标读者的“泪点”或“痛点”，在触动他们的过程中完成广告的宣传任务。我们将在后面的内容里注重对“毒鸡汤”进行分析，探究如何撰写“毒鸡汤”类软文才能引起读者共鸣。

“图穷匕见”的小说

“图穷匕见”一词出自荆轲刺秦王的故事。司马迁在《史记·刺客列传》中写道：“轲既取图奏之，秦王发图，图穷而匕首见。”而刘向所编《战国策·燕策三》中也有“轲既取图奉之，发图，图穷而匕首见”的记载。

虽然该词多用于贬义，但对以小说为体裁的软文来说，这个词可谓非常生动。在荆轲刺秦王的故事中，秦王因专注于地图上的内容，因此在地图完全展开后给了荆轲抽出匕首的机会。其实，小说类软文亦是如此：我们需要以小说内容吸引读者注意力，当读者聚精会神地读到文章最后时，其将会发现广告内容就像荆轲的匕首一样突然出现在眼前，此时读者已经很难全身而退，只能“绝袖”离去。

这也体现出小说类软文的特点——以故事情节吸引读

者，利用"峰回路转"的广告植入方式实现宣传目的。故事情节对小说类软文的重要性不言而喻，这也意味着其受读者偏好的影响较大。这就要求软文作者能精准把握目标读者的阅读偏好，从而选择小说的题材。试想一下，如果目标读者大多喜欢阅读武侠小说，而我们却以言情小说作为软文题材，恐怕就无法获得理想的阅读量与转化率了。

除精准衔接目标读者偏好与文章题材外，广告植入方式也是一个值得讨论的问题。我们已经将"峰回路转"的广告植入方式确定为小说类软文的一个特点，尽管这并不意味着"与子偕行"和"中心藏之"的广告植入方式绝对不可用于小说类软文之中。

但通常，"与子偕行"的广告植入方式确实并不适合小说类软文，因为在一篇连贯的故事中连续出现多个同行业品牌无疑会使作品的阅读体验大打折扣，同时很有可能严重影响故事的完整性，降低作品质量。以此观之，"中心藏之"的广告植入方式似乎可行，那么就让我们看看这种广告植入方式在小说中效果如何。假设我们要描述故事主角的行为："他百无聊赖地坐在沙发上，随手从茶几上拿起一本《软文法则》读了起来。"

如此看来，"中心藏之"的广告植入方式似乎可行，但我们通过仔细推敲便会发现其中问题：这段话只介绍了书名，并没有对其卖点进行介绍。若将卖点加入其中，虽然达到了广告宣传的目的，广告 "硬度" 却大为提高，阅读体验也会随之降低。

因此，一旦选择撰写小说类软文，最好选择 "峰回路转" 的广告植入方式。当然，这一切的前提是保证故事内容与产品介绍之间有一个平滑的过渡部分。

"狐假虎威" 的新闻

《诗》曰："他山之石，可以攻玉。" 我们在介绍 "与子偕行" 的广告植入方式时，曾提到软文作者可以利用知名品牌这一 "他山之石"，实现宣传自己品牌的目的。此前，我们已经确定测评、推荐类软文较为适合 "与子偕行" 的广告植入方式。除这两种类型外，新闻稿也是一个使用 "与子偕行" 广告植入方式的重要软文类型。此外，由于其性质的特殊性，新闻类软文能以相对 "客观" 的形式对自己的品牌进行宣传。

较之其他软文类型，新闻类软文有着广告 "硬度" 高的缺点。新闻稿无疑会将自己品牌作为主要报道内容，换言之，由于要保证与自己的品牌有关的内容在文章总篇幅中占有较高比例，这使新闻类软文很难真正"软"下来。一篇以报道品牌最新动向为目的的新闻稿常会通篇介绍自己的品牌，以增加品牌曝光率或树立公司形象，故这类新闻不适宜用软文的形式展现。若要降低此类新闻稿广告的"硬度"，我们可以参照软文的"黄金比例"安排结构，从而使其更像软文一些。

需要以软文形式呈现的新闻多为对参加某场活动或展会的品牌进行的宣传，撰写这种文章的要点在于平衡与自己的品牌相关的内容与其他内容的比例，而其他内容多以介绍参加活动或展会的同行业知名品牌为主。这一做法如同"狐假虎威"——借助知名公司动向吸引读者注意，以提高阅读量，同时在软文中加入自己品牌的相关内容，最终实现宣传目的。

在撰写这类软文的过程中，作者需要让读者在看到"老虎"后，还可以关注到跟在后面的"狐狸"，即将其目光从知名品牌转移至自己的品牌上，避免喧宾夺主的情况。因此，作者在撰写软文时，须对文章结构安排、内容详略分配等方面进行斟酌。结构过于松散，则无法突出自己品牌的内容，无法给读者留下深刻印象；内容过于密集，则容易提高广告"硬度"，导致读者的反感。

我们在后文中将详细分析这类软文的写法，其中就包括文章结构安排、内容详略分配等细节问题。值得一提的是，正如新闻与测评、推荐类软文均可使用"与子偕行"的广告植入方式，我们在撰写测评、推荐类软文时除了逐一罗列相关品牌或产品外，也可借鉴上述新闻类软文的写作思路，撰写一篇更具可读性的文章。

"标新立异"的散文

作为最常见的文章体裁，散文以其包罗万象的内容与不拘一格的行文方式受到软文作者的广泛欢迎。由于纯议论文在软文中较为少见，且其在某些方面与散文类软文有相似之处，因此我们可以将其归入"散文"分类，便于一同讨论。

由于散文是目前网络上最常见的软文体裁，因此我们可以将散文类软文看作竞品繁多的"红海"。若要在众多文章中脱颖而出，散文类软文应如小说类软文一样，在内容方面多下功夫。我们已经确定小说类软文的内容核心是故事情节，换言之，若要自己的小说脱颖而出，就需要为你的故事安排一个吸引人的情节，让读者欲罢不能。类比小说，散文类软文的内容核心又体现在哪个方面呢？答案就是"观点"。

我们常说散文的特点是"形散神聚"，其中的"神"可以理解为文章线索，具体到散文类软文，该线索通常能直接被视作文章观点。这意味着一篇好的散文类软文应该有一个吸引人的观点，而想要找到一个吸引人的观点则要求软文作者做到"标新立异"。

当然，这里所说的"标新立异"并非信口雌黄，而应该是有理有据的，否则其本质与"纯标题党"并无二致。所以，我们在撰写散文的过程中既要做到观点独特，也要做到内容富含营养。而纯议论文则需要有足够的论据支持论点，切忌捕风捉影、无中生有。

对于散文类软文来说，看似素材颇多、风格自由，较之其他软文易于撰写，但这反而对其内容质量提出了更高的要求。要达到这一要求，不仅要求软文作者文笔过硬，还考验着作者的知识储备、思考能力，甚至想象力。因为要找到吸引人的观点需要作者拥有丰富的想象力，找到支撑该观点的内容需要足够的知识储备，而将二者拼接起来，使作品符合逻辑则需要较强的思考能力。

至于究竟如何写出一篇优秀的散文类软文，我们将在后面的内容中举例说明。

干了这碗"毒鸡汤"

严格来讲，我们通常读到的"毒鸡汤"体裁大多为散文，但正如前文所说，本章以"哪些类型的文章更受欢迎"作为评判标准，因此将"毒鸡汤"单独列为一个软文种类。下面，就让我们一起干了这碗"毒鸡汤"。

给鸡汤下点"毒"

毋庸置疑，"毒鸡汤"的最大特点就在于一个"毒"字，要做到"毒"，文章必须有一个鲜明的观点。这种观点通常是非黑即白的，这导致很多"毒鸡汤"内容颇为极端。但其优势在于可以迅速抓住读者目光，这也是为什么有些"毒鸡汤"的观点会出现"反常识"的情况。

当然，作为"毒鸡汤"的第一要素，"辛辣"的观点虽然是必需品，但也要做到合情合理且能够说服读者。撰写"毒鸡汤"时切忌为追求特立独行，将文章观点过分极端化，导致文章内容不合逻辑，甚至触碰道德底线。软文作者应避免走入这一误区，防止"毒鸡汤"变为名副其实的"毒药"。而从读者需求来看，"毒鸡汤"虽然以"毒"

著称，但其本质仍是"慰藉心灵"。这意味着我们所选的"辛辣"观点要有一定的指导性，即能够"骂醒"读者，使读者产生共鸣。此外，为保证阅读量，我们应选择较为普遍的现象作为讨论对象，并从中衍生出文章需要的观点。

常见的"毒鸡汤"可分为两种——打击型与指导型。打击型"毒鸡汤"旨在展示现实生活的"残酷"，其目的在于打破读者对生活的种种幻想，使其发现自己的"幼稚"。在阅读打击型"毒鸡汤"后，读者会有"是我太单纯了，我应该学会接受这个事实"的想法。与打击型"毒鸡汤"相比，指导型"毒鸡汤"有着很大不同。虽然被称作"毒鸡汤"，但其本质更贴近于"心灵鸡汤"，目的在于鼓励读者，但态度更为强势。指导型"毒鸡汤"通常会与读者一同"诉苦"，而后告诉读者"你大可不必这样做"。较之"心灵鸡汤"，指导型"毒鸡汤"的"毒"在于批判读者当前"委曲求全"的做法，然后再去鼓励读者。

无论是哪种"毒鸡汤"类软文，都大多会选择"峰回路转"的广告植入方式。这一选择既能保证文章有良好的阅读体验，也在一定程度上降低了写作难度。因此，如果你要撰写"毒鸡汤"类软文，"峰回路转"的广告植入方式不失为第一选择。

咪蒙的"毒鸡汤"

在介绍读者需求层次时，我们提到了《北京，有 2000 万人假装在生活》一文，该文便属于"毒鸡汤"。如今，说到善于撰写"毒鸡汤"的作者，恐怕非咪蒙莫属。有着"毒鸡汤教主"之称的咪蒙，如何写出一篇篇阅读量超过十万的文章？想要破解这一谜题，我们需要从"头"说起。

咪蒙团队的工作人员曾在采访中表示，咪蒙写好文章后，其工作人员会根据文章内容每人至少编写五个标题，然后咪蒙再从这近百条标题中选择五到六个，发到三个顾问群里投票，最终根据票数确定文章标题。由此可见，想当一个受人欢迎的"标题党"并非易事，不然咪蒙文章的标题也不会被公认为十分出众。

让我们以《每一个职场妈妈，都欠孩子一句对不起》作为案例。这篇文章显然属于打击型"毒鸡汤"，其标题也准确指向目标读者群体——职场妈妈，并选择其很少有时间陪孩子这一"痛点"作为文章主题。正是在这样精准的选择下，咪蒙的团队才给读者带来了一条条"扎心"的标题。

就文章内容而言，咪蒙的文章几乎都旨在满足读者"慰藉心灵"的需求。虽然从现实意义来讲，这类文章似乎毫无实际意义，但其却又是最容易引发读者互动与分享的模式。在撰写此类文章时，作者需要在明确文章将满足读者哪一需求层次的同时，进一步挖掘读者的细分需求，从而引起读者共鸣。

《每一个职场妈妈，都欠孩子一句对不起》一文的第一部分从咪蒙公司年终演讲时一名同事以《职场妈妈的愧疚》为题的讲话说起。演讲中这名同事说她在北京工作，女儿则留在了深圳，无法照料女儿，心中颇为无奈，引起了在座职场妈妈们的共鸣。第二部分讲了一位咪蒙粉丝没有时间陪孩子的故事。第三部分则用其另一位同事的孩子电梯遇险，以及自己的孩子受伤住院还瞒着自己的故事继续渲染气氛。第四部分继续举例，但在结尾处笔锋一转，写到如何补偿孩子，并引出"中粮我买网"的广告。

以该软文为例，咪蒙撰写文章的过程中显然已经确定好了目标读者，并把职场妈妈心中普遍的"痛点"作为文章主题加以渲染。我们可以从文章中看出，同样作为职场妈妈，咪蒙对这一主题也是深有感触，因此她才能将文章写得如此为人称道。但是一个人并不能经历所有事，那么咪蒙对于没有经历过的事如何处理？很简单，只要让这些事被 "一个朋友" 或 "一个亲戚" 经历即可。不过，这种做法虽然从某种程度上可以增加可信性，但并不足以引起读者共鸣。因此，包括阅读在内的人生阅历与写作能力在这种情况下就成为了支撑文章的两条腿：一方面，作者要选择实际可靠的、生活化的内容作为文章主题；另一方面，作者还需利用其高超的写作能力将故事内容渲染得感人至深。一言以蔽之，撰写这类文章需要作者设身处地地思考问题，甚至有时要做到 "感同身受"。

回到软文的本质，这篇软文的广告内容使用了 "峰回路转" 的广告植入方式。作为如今被普遍使用的广告植入方式，其在这种旨在满足读者 "慰藉心灵" 需求的文章中优势极为明显。一篇文章若想引发读者共鸣，连贯性是必不可少的，而文章中间出现广告会对连贯性造成极大的破坏，因此不如先让读者顺利阅读完文章，然后再将广告内容展现出来，以保证完整的阅读体验。

此外，作为一篇标准的微信公众平台文章，我们来分析一下其排版风格（如图 8-1）。

〈返回　　　　咪蒙　　　　···

03

　　最难过的是，保护孩子，让他们免于危险，是我身为父母 最重要的职责。
然而我们往往没有做到。
同事王不烦的孩子，一直是外婆在照顾。
有一次，外婆带着孩子下楼玩，结果电梯门快关上时，孩子冲进了电梯，外婆被关在了外面。
不知道去哪一层找孩子，外婆急得快疯了。
而她知道这个消息的时候，也快疯了。
她赶紧从公司赶回去，在小区监控室里，看到孩子拍电梯门求救，她崩溃大哭。
如果孩子受委屈、受伤、失踪了，最受伤、最内疚的就是妈妈。
因为我没有照顾好，所以他/她才会受伤。
如果当时我陪在他/她身边，就不会发生意外。
我们没有办法责怪任何人，我们只能怪自己。
前年暑假，我太忙了，把唯唐送去老家，

图 8-1　《每一个职场妈妈，都欠孩子一句对不起》排版风格

　　显而易见，这篇文章的排版风格是标准的"文艺"风格。不过，较之其他作者，咪蒙在排版上有着自己的特点。她的文章每段字数平均较少，很多段落都是一个简单的句子，便于读者阅读，但参差不齐的排版风格又显得有些不整齐。因此，如何排版还需根据自己的媒体风格与目标读者的审美偏好而定。

"熬制"一碗"毒鸡汤"

我们在第 3 章中提到使用"逆向思维"撰写软文。事实上，当我们处理"毒鸡汤"类软文时，便可利用这一方式从广告内容切入，"逆向"完成整篇文章。为进行详细说明，我们可以假设自己同样需要撰写一篇关于"中粮我买网"的"毒鸡汤"类软文。

首先，我们要明确广告内容中的产品卖点。这可以从咪蒙的《每一个职场妈妈，都欠孩子一句对不起》一文中找到线索——食材安全。接下来，我们即可考虑目标读者与文章主题。由于没有特殊要求，因此我们可以笼统地将上班族作为目标读者。文章主题方面，暂时忽略产品卖点，以上班族加班的"痛点"为讨论内容，撰写一篇"毒鸡汤"。在这一过程中，我们须注意例子的使用，务必使例子合情合理。最后，我们再利用过渡部分将文章主题与广告部分连接起来便能完成任务。

最终，我们可以简单写出一篇"毒鸡汤"类软文。

愿你的加班费没有变成医药费

半年前，有几个关于编程的问题想请教一个朋友，并顺便吃个饭，聚一聚。于是就发了一条微信，问他周末什么时候有空。结果到了晚上才收到他的回复："有事直接在微信上说吧，我已经连续三周没有周末了。"

朋友在一家知名的手机应用公司做前端程序员，虽然工资不低，但我经常说他是在"用生命换钱"：工作日几乎必须边加班边吃饭，周末毫无规律地加班。估计这种状态再持续一年，连他的家人都想不起他长什么样子了。

后来，事情有了变化，他竟然主动提出来要见个面。他告诉我，自己已经辞去了那份工作，去了一家同样知名的国产手机公司继续前端工作，辞职后他有一周"真空期"，因此才有时间"赏脸"和我吃了顿便饭。

说到新工作，由于公司地址已经出了北京的北五环，回位于东四环的原住址并不方便，因此他已经在这一周的时间里租好了新房来准备面对新的加班生活。这顿饭顿时有了"劝君更尽一杯酒，西出阳关无故人"的感伤。

自从"互联网时代"来到，加班似乎成为了很多公司的常态。冲在最前面的一线公司加班如家常便饭，一些跟随者也纷纷要求员工加班。记得新媒体刚刚兴起时，我正在一家公关公司，为保证每天八条微博内容能准时推送给客户，即使春节假期我们也要分工加班，进行"全天候监控"。这安排听得我欲哭无泪，真想当时就掀桌子大吼：

"凭什么春节我还要加班！"

不过，在加班这件事上，员工往往并没有太多的选择权——要么接受加班，要么离开公司。作为一个不想接受加班又极其看重假期的人，我在得知这个消息后便作出了离开的决定。

但对于那些没有条件或意愿"说走就走"的同行们，我想说，也许你阻止不了加班，但要记得爱护好自己的身体。离开外卖多油多盐的食物，抽出时间在"中粮我买网"上买些安心食材，为自己做一顿饭，不要让加班费变成医药费！

讲个引人入胜的故事

小说作为一个对目标读者依赖性较强的体裁，通常不会用来撰写软文，但小说类软文却有着引人入胜的独特魅力。对于作者来说，撰写小说类软文需要对故事较好的把控能力，在保证逻辑完整的同时设计出令人满意的情节。

困难与魅力并存

对小说类软文而言，故事情节几乎是其唯一吸引读者的手段，但相对其他类型的软文，小说的故事情节却又对读者有着不可小觑的吸引力，使其在阅读时始终保持着极大的热情。因此，可读性较高、自由度高与受内容制约、写作难度高的矛盾并存于小说类软文的创作过程之中。究其原因，主要在于故事情节对于小说类软文质量与读者反响起决定性作用。这意味着如果你决定撰写小说类散文，那么就必须思考怎样设计故事情节。

我们都知道，小说三要素为人物、情节、环境，其中，情节由序幕、开端、发展、高潮、结局和尾声构成，序幕和尾声可以省略。从本质上看，对故事情节的把握就是对小说"开端-发展-高潮-结局"的把握。对小说类软文而言，因篇幅所限，情节中开端与结局的长度在全文里占比通常较低，发展与高潮部分又需要以精彩的语句抓住读者眼球，因此软文作者应将精力主要放置在发展、高潮两部分。

一般来说，情节中的"发展-高潮"主要体现在对冲突的描写上。这里的"冲突"并非仅仅指角色间的对立，诸如内心挣扎等情节也可算在"冲突"之列。一个好的冲突设计是故事情节引人入胜的根本所在，而其恰恰可以用"情理之中，意料之外"来形容。无疑，"意料之外"指冲突在效果上要足够吸引人，使故事情节脱离读者的预期，增加其对文章的兴趣；"情理之中"指冲突部分的情节必须符合逻辑，不可只求冲突效果，使整个故事的情节产生"断裂"，即要保证良好的阅读体验。至于如何创作出"情理之中，意料之外"的冲突，则要依赖作者的想象力和素材积累。

对于广告内容，在"峰回路转"的广告植入方式中，其往往紧随高潮之后，故可认为是位于结局部分。为使读者在对文章保持较强阅读兴趣时看到广告内容，该情况下过渡部分通常十分简略，有时甚至与高潮部分融为一体。这一切皆需要作者对故事情节有较强的把握能力，可以较好地安排整篇文章的"节奏"，从而实现广告内容的高效宣传。

总而言之，我们在撰写小说类软文时，应着重刻画"发展-高潮"部分，即处理好故事情节中的冲突。此外，在保证故事情节对读者具有较强吸引力的同时，还要保持逻辑的完整，避免读者"出戏"。

一波三折的恩怨

在知乎"一分钟内编出的悬疑但 happy ending（有快乐

结局）的故事是什么样的?”这一话题下，有位名为"本公子"的网友发布了一篇名为《道观异事》的文章。整篇文章讲述了小道士独坐遵从师命，看管道观，守护观内秘籍的故事。从文章主题的结构来看，故事情节一波三折，这成为了支持读者读下去的主要动力。

　　文章开篇，只说到师父要下山寻找多年前的仇敌，给了独坐一张隐身符，开篇设疑，成功激发读者的好奇心。随后情节迎来第一次转折：在平安渡过第一个月后，独坐在第二个月的某一天听到虎啸声，并看见一名仓惶逃命的男子，他不为所动；第三个月，独坐又见到一名遇难女子走投无路意欲上吊自尽，独坐仍不为所动。其间，伴随着那道隐身符一点点失效的情节，在推动剧情的同时加强冲突，以新的悬念提起读者继续阅读的兴趣。

　　接着，文章来到第二次转折：伪装成独坐师父的仇敌假装负伤回到道观，并在半夜来到太上老君塑像前意在盗取秘籍。在控制住仇敌后与其的对话中，独坐为读者解释了其先前两次遇事不为所动的原因，从而补充剧情，使故事符合逻辑。并继续设置新的悬念：独坐的师父在哪?

　　最后，文章解开谜题，并来到第三次转折：独坐掏出手机，给师父打了电话，并说手机定位已经找到了他，自己马上过去。

后来，这篇文章被修改成多种版本的非官方手机软文于百度贴吧等平台广泛流传。其中，一篇 OPPO 手机的软文将全文最后一句改为"我这就过去救你，幸亏你用的那OPPO 手机电量足，我马上就来"，用作广告内容。

这一句广告内容牢牢把握住了 OPPO 手机的最大卖点之一。这一卖点相信大家在 OPPO 手机的硬广中也见到过，即"充电五分钟，通话两小时"。我们知道，除手机电量足，摄像头也是 OPPO 手机的一大宣传要素，但改编者显然对广告内容做出了取舍，只选取通话时间进行宣传。这个做法非常正确，我们在介绍产品特点时说过，撰写软文时应选择适宜的产品特点，这意味着正确的取舍也将对阅读转化率起到较为重要的作用。

很明显，该软文使用的是"峰回路转"的广告植入方式，并完美地将广告内容融入小说剧情中，以避免读者产生突兀的感觉。

让我们再来看看这篇软文的不足。阻碍其进行宣传的主要因素仍在于其体裁。由于一般情况下，小说几乎只能满足读者"消磨时间"的需求。毕竟，想要通过小说的体裁使读者产生共鸣需要一定的写作功底以及对读者偏好的了解。较之"心灵鸡汤",使用小说这一体裁来满足读者"慰藉心灵"的需求可谓费时费力。

做个有故事的人

在创作小说类软文时,我们可以先考虑给读者讲一个什么类型的故事。在确定故事类型后便可着手广告内容及过渡部分的撰写。由于要保证故事的整体性与读者的阅读体验,小说类软文常使用"峰回路转"的广告植入方式。我们应在确定故事类型后,根据广告内容进一步确定故事情节,并对过渡部分进行安排。

故事情节方面,我们须注意冲突的设计,使情节引人入胜。因此,在确定好故事梗概或大纲后,我们大可先仔细撰写冲突部分,即"发展-高潮"部分,并同时完成过渡部分,使文章主题与广告内容得以衔接。

若同样以 OPPO 手机电量足为广告卖点,我们可以就此完成一篇小说类软文。

没有线索的凶杀案

"什么情况?"乔治警长用手抬起警戒线,弯下腰钻进院内。

"警长,是一起谋杀案。"站在门口的富兰克林警探报告道。

"现场有什么发现?" 乔治边说边戴上了手套。

"我们也是刚刚赶到,还没开始搜查现场,法医稍后就到。"

"尸体在哪?"

"在客厅。"

随后,富兰克林将乔治带至客厅。看到趴在地上的尸体,乔治走上前去开始检查起来。

"死者叫约翰,是一家公司的总经理,目前独自一人居住在这里。尸体是他邻居哈维发现的。"

"前胸有一处刀伤,不过好像不是致命伤,看来死因应该是失血过多,死亡时间约两小时前。" 乔治抬起头环顾四周道,"凶手似乎打扫过现场。不过死者全身都沾有血迹,从形状上是被拖动或自己爬行了一段距离。死者膝盖内侧也沾有血迹,看来应该是他自己爬行时沾上的。"

说着,乔治站了起来开始检查客厅:"现场没有发现打斗痕迹,不排除是凶手打扫过的缘故……对了,死者邻居是什么时候报的案?"

"下午三点四十分。" 富兰克林答道。

"半小时前?" 乔治看了看手表。

"是的。"

"也就是说，凶手有一个半小时的时间打扫现场。"乔治说道，"首先，可以确定凶手已经把血迹擦干净了。因为这种伤口不可能伪造自杀，所以凶手干脆选择完全毁灭一切线索，恐怕我们很难找到什么明显的线索了。因此一会儿你们调查现场时一定要格外注意各处细节。"

"是！"

"其次，虽说现场已经被打扫，不过如果双方发生打斗，应该会对家具产生难以掩盖的损坏，不过目前看来，好像并没有发现这类迹象。"乔治再次环顾四周，"很有可能是熟人作案，马上派人去调查死者的社会关系。"

"是！"富兰克林叫来一名警员，嘱咐其对约翰的社会关系展开调查。

"最后，也是最重要的凶器问题。凶手既然有足够的时间进行打扫，凶器应该也被处理掉了，不过你们在调查时也要留心。"

"是！"

富兰克林带领几名警员在房中展开调查，乔治则独自一人待在客厅。

两小时后，乔治将富兰克林叫到身边："富兰克林，你们有什么发现?"

"如您所料,现场被打扫得非常彻底。"富兰克林说,"不过我们发现垃圾桶是空的,就到附近搜寻。我们在一个垃圾箱里发现一包垃圾和死者家的垃圾袋相同。此外,袋中的香烟、食品包装等也和死者家中的物品完全一致。因此,基本可以断定是死者家里的垃圾,而且很有可能是凶手扔进垃圾箱的。"

"垃圾袋里有什么别的发现?"

"有一些沾有血渍的纸巾和抹布。"

"这么说这包垃圾很有可能是死者家的,而且几乎可以断定是凶手扔掉的。"

"是的,可惜没有发现更多线索。"

"看来这次凶手给我们出了个难题,现场竟然没有留下任何线索。"乔治摸了摸自己的下巴,"不过我对案情已经有了些想法,你先把那位哈维先生叫来吧,我有些话要问他。"

"是!"

不一会,富兰克林就把哈维带到了乔治面前。

"哈维先生您好,我是警长乔治。"乔治伸出了手。

"警长先生您好。"哈维和乔治握了握手。

"哈维先生，请问您从中午到报案这段时间都在做什么？"

"在家里看电影。"

"有证人吗？"

"这……今天家里只有我一个人，不过客厅的摄像头应该有记录。"

"原来如此。"乔治点点头，"哈维先生，相信您的摄像记录里应该没有任何值得怀疑的地方，当然它本来也有可能是伪造的……开个玩笑。其实，请您过来是因为我有个离奇的故事要和您说一说。"

"警长先生，我很忙，没时间……"

"不，您一定要听。"乔治打断哈维自顾自地说道，"这个故事最离奇的地方是我不知道任何关于您个人的信息，但我却知道您在过去的四个小时里真正做过哪些事。"

"警长先生，您这是什么意思？"

"您在中午十二点二十三分时来到约翰家，然后和他聊了聊'那批货'。由于价格问题你们争执不下，约翰甚至以报警作为威胁。于是，你假意提出让步，趁机接近约翰，并用早已准备好的刀刺向他的前胸。"

"警长先生！"哈维显得十分气愤。

"约翰断气后，您忙着打扫现场，却忘了搜查约翰身上的……"乔治并没有理会哈维。

"警长先生！您这是诽谤！"哈维的声音近乎怒吼，"我要请我的律师来！"

"是的，哈维先生，您的确应该请您的律师来。"乔治将手伸进自己的外衣口袋，拿出一部手机，"这是在约翰西服内袋里发现的，多亏他用的是中国的 OPPO 手机，电量足，所以才会把这四个小时的声音全部录了下来，希望您的律师可以在法庭上帮到您。"

不只是报道新闻

虽然本章以"哪些类型的文章更受欢迎"作为评判标准，但平心而论，新闻本身并非十分受欢迎的软文体裁。不过，由于其需求弹性较小，在一些情况下，以新闻稿的形式撰写的软文甚至会有刚性需求。

新闻中"主观的客观"

此前，我们已经讨论过新闻类软文的广告"硬度"，由于其特殊性，自己的品牌在新闻稿中的出现时机便成为新闻类软文的重点要素。若自己的品牌出现得太早，容易被读者发现文章的软文"身份"，从而使其失去继续阅读的动力；若自己的品牌出现得太晚，作为需要重点报道的这部分内容则得不到应有的宣传效果，从而失去新闻类软文的优势。

我们在撰写新闻类软文时应做到"主观的客观"。毋庸置疑，其中的"客观"是指新闻的客观性，即实事求是地进行报道；而"主观"则是指作为软文，文章应在尊重事实的前提下着重渲染自己的品牌。

要实现"主观的客观"，软文作者首先要做到不吝惜客观内容的叙述。通常，新闻类软文不可避免地会提及行业概况甚至其他品牌的动向，这些内容很有可能分散读者的注意力，使读者减少对自己的品牌的关注。但若没有这些内容，文章将变成关于自己的品牌的硬广，容易引发读者的反感情绪。因此，我们同样可以把"主观的客观"看作广告"硬度"的问题，找到"均衡硬度"将对我们撰写新闻类软文起到事半功倍的作用。

就传统新闻类软文而言，我们可以参照软文的"黄金比例"进行构思，即背景介绍占全文内容的50%、问题分析占40%、广告宣传占10%。当然，这类文章通常只会出现自己的品牌。对于前面所说的需提及行业概况甚至其他品牌动向的新闻类软文，广告宣传部分的占比可以适当提高，其内容分布也不像传统新闻类软文那样集中，而是分散在全文中。这与新闻类软文经常使用"中心藏之"和"与子偕行"的广告植入方式密切相关。

从某个角度来看，"主观的客观"与"均衡硬度"极为相似。如果说"均衡硬度"是追求广告"硬度"和读者满意度间的折中，那么"主观的客观"就是追求其他品牌的内容与自己的品牌内容间的平衡。一般情况下，在一篇包含其他品牌内容的新闻类软文中，自己的品牌内容可占全文内容的30%至40%，但切忌超过50%，否则会有硬广之嫌。

总而言之，撰写新闻类软文的要点即在于合理安排文章结构并把握好广告内容的篇幅，使文章显得相对客观。

初创公司的"心机"

我们曾提到软文虽然需要把广告内容隐藏起来，但从宣传角度考虑，最终还是要让读者识破。因此，把握"均衡硬度"便成为作者在撰写软文时的一项重要任务。《CES 2017 VR巨头稳扎稳打，初创公司引人瞩目》这篇软文显然注意到了这点，因此其介绍自己的品牌之外，对其他同行业品牌也做了介绍，同时对自己品牌的产品显然着墨更多。

　　该文是一篇关于国际消费类电子产品展览会的新闻报道。该展会的英文全称是"International Consumer Electronics Show"，缩写为"CES"，是全球范围内较为重要的电子消费品展会之一。正所谓"君子生非异也，善假于物也"，小鸟看看作为一家中国VR行业的初创公司，将自己的动态与行业巨头并列，也算是某种程度的"假于物"，不失为一个明智的选择。

　　一般来说，除非是该行业的发烧友，否则读者很难主动关注一家初创公司的动向。对于这一点，该软文聪明地以"CES 2017 VR巨头稳扎稳打，初创公司引人瞩目"为题，既提到自己所在的初创公司阵营，又有读者普遍关注的行业巨头。这一看似客观的标题在吸引读者的同时又为宣传自己的品牌进行了铺垫，与文章结构相呼应。

　　提到文章结构，本文的结构可谓是十分标准的新闻报道体裁软文。文章开篇介绍CES 2017的整体概况，并在第二段引出VR行业在展会上的表现。随后一部分文章展现多数读者最希望看到的内容——VR行业巨头在本届展会上的动向。HTC、索尼、三星等重要参展商的情况被一一列出，满足读者"获取知识"的需求。接下来，文章利用日本 FOVE 公司的参展情况引出 VR 初创公司的内容，为宣传自己的品牌做好铺垫。最后，本文以大量文字介绍自己的品牌，篇幅约占全文内容的二分之一。

该软文在广告植入方式上运用了"中心藏之"和"与子偕行"两种方式。在将自己的品牌融入报道的同时，又用诸多行业巨头的情况吸引读者目光，为自己的品牌进行"增值"。但从某种程度上来说，作为软文，这篇文章虽然做到了让读者识破广告内容，但由于操之过急，在介绍行业巨头前就过早地暴露了自己作为广告的真实身份，容易提早被读者识破，引发读者反感。

对于这种情况，我们大可把第二段"Pico 小鸟看看，一家成立于 2014 年的中国本土初创 VR 公司，在展会现场展示了 Pico 交互套件、VR 一体机 Pico Neo CV 和自主品牌深度摄像头这三款新品"一句放置在介绍日本 FOVE 公司的文段后面。这样做既能使读者刚刚开始阅读文章时无法发现广告内容，又能在介绍初创公司时达到承上启下的作用。而最后一部分的大量内容又足以让读者识破本文的广告内容，可谓两全其美。

与行业巨头同行

虽然我们在撰写新闻类软文时会包括其他品牌的动向，但选择哪些品牌进行介绍却需要我们仔细斟酌。一般情况下，我们应避免出现真正的竞品品牌，《CES 2017 VR 巨头稳扎稳打，初创公司引人瞩目》一文便很好地处理了这一问题。全文多是对不与自己的品牌形成竞争的行业巨头进行报道，即使写到其他初创公司，也只是介绍了一家名为 FOVE 的日本公司。

换言之，当自己的品牌并非行业知名品牌时，我们应尽量选择"明星"品牌与自己的品牌上演"对手戏"。其实，我们大可将《CES 2017 VR 巨头稳扎稳打，初创公司引人瞩目》一文作为参考，对其进行适当调整，即将行业巨头的动态安排在前，用以引起读者的兴趣，然后再逐渐将其目光转移至自己的品牌。文章风格方面，我们则依旧保持其原有的新闻报道风格。经过简单的调整，我们很快便可得到一篇完整的软文。

VR 产品引爆 CES 2017，新老公司并肩同行

作为全球重要的国际消费类电子产品展览会，2017 年的国际消费类电子产品展览会（以下简称"CES"）已落下

帷幕。据估计，本届展会共吸引了来自全球的 3800 家公司、6500 家媒体，以及超过 15 万人的观众。展会期间，各家 VR 公司的最新技术与产品成为了现场观众竞相关注的焦点。

VR 巨头新品不断

HTC、索尼、三星作为 VR 领域公认的巨头，再次让人们对 VR 消费级市场产生信心。

HTC 在本次 CES 上推出了两款全新的 VR 配件：Vive 追踪器（Vive Tracker）和 Vive 畅听智能头带。Vive 追踪器可以装在任何物品上，并将它们变为能够使用 Vive 的"Lighthouse"追踪的物体。用户还可以把它装到相机上，拍摄混合现实（MR）视频。换句话说，Vive 追踪器可以把各种物品都变成"新手柄"，一举打破了此前传统手柄的模式。而 Vive 畅听智能头带内建可调节式耳机，同时巧妙调节了头盔的佩戴方式，让头戴显示器更贴合每一位使用者。

索尼此次并没有带来太多 PS VR 的新进展，但披露了 PS VR 在游戏以外领域的发展情况，同时发布了一款商用的 AR 眼镜。索尼已与知名流行电子音乐人 Kygo 合作，共同开发了一款 PS VR 应用"Carry Me：the VR experience"并正式上架美服 PS 商店，售价 1.99 美元。索尼带来的 AR

眼镜将搭载全息光学波导显示技术，据称可以把文字、符号和一些简单的图像叠加到用户的自然视野中。眼镜总重77g，用户可持续使用眼镜的时长超过 150 分钟。

三星在展会上宣布 Gear VR 出货量达 500 万台，成为了大家茶余饭后的话题。虽然三星 Gear VR 在 VR 领域并不能代表业界的领先水平，但凭借其小巧、轻便、价格低廉的特性，成为了许多初级 VR 玩家的第一选择。让大家惊喜的销量数据，不仅让大家看到了 VR 向消费级市场发展的成绩，也再次证明了移动 VR 市场的广阔前景。

初创公司崭露头角

除 VR 巨头外，全球新兴的 VR 初创公司，也都凭借着不俗的自身实力与国际科技巨头同台争艳，并令人眼前一亮。

FOVE，一家来自日本、成立于 2014 年的初创 VR 公司，在 2017 年的 CES 上，宣布其全球首款集成眼球追踪功能的消费级 VR 头显 FOVE 0 将在 2 月份正式出货。FOVE 0 头显配备了 5.8 英寸屏幕，集成的眼球追踪技术跟踪频率高达每秒 120 帧。值得一提的是，FOVE 0 不需要进行校准，它可以不断地对用户眼球进行扫描，并刷新数据，这正是相较其他追踪设备更为先进的地方。

在 2017 年的 CES 参展商中，来自中国本土的公司占据了将近三分之一，Pico 小鸟看看作为一家成立于 2014 年的中国本土初创 VR 公司，给大家带来了不小的惊喜。除了 2016 年 4 月发布、已取得一定市场成绩的 VR 一体机 Pico Neo DK 版之外，Pico 还在现场展示了 Pico 交互套件、VR 一体机 Pico Neo CV 和自主品牌深度摄像头这三款新品。

众所周知，在 VR 领域，如何进行空间定位一直是技术的难点与突破点，国内除 HTC 外，更一直未有成熟的交互配件出现。Pico 带来的追踪套件（Pico Tracking Kit）是一款基于 PC 平台的消费级 VR 空间定位产品，由 1 个摄像头、1 个放置在头盔上的红外发射器和 2 个手柄控制器组成。它采用了与 Oculus、PS VR 类似的 Outside - In 方案，通过主动式红外技术实现实时的高精度定位，可以让用户在 Pico Neo DK 及后续产品中获得完整的虚拟现实六自由度体验。

其在上手体验感上非常让人惊艳。即便是快速地移动手柄和头部，或者让两个手柄交叉运动，也很少出现卡顿和丢帧的情况，足见其在抗干扰和刷新方面都实现了不错的优化。

观众在现场可以体验 Pico 自行开发的游戏《Circuit

Shock》和《Amazing World》。前者作为一个"拼接电路管"游戏，非常考验红外定位和手柄九轴传感器的精准度，而 Pico 这款交互套件的体验感受丝毫不逊色于 PS VR。Pico 透露，这款交互套件兼容 Steam 平台，并将在 2017 年 4 月开售，其价格也会使消费者感到惊喜。

首次参展 CES 的 Pico 还展示了下一代 VR 一体机——Pico Neo CV 版。Pico Neo CV 将所有部件集成到了头盔里，不需要任何外设就能实现六自由度（6dof）的头部动作定位。CV 的 6dof 定位基于高通方案，屏幕的单眼分辨率达到 1.5K，视场角超过 100 度，刷新率为 90Hz。尽管体验用的 CV 还处于工程样机状态，但相较在 2016 年 4 月发布的分体式一体机 Pico Neo DK 版，在体验感上已有了进一步的飞跃。

近几年国内 VR 技术井喷式爆发，在激活市场的同时，也出现了良莠不齐的情况。而一直格外低调的 Pico，在全球科技竞技场上，凭借深厚的自主研发实力赢得了媒体的关注与观众的驻足。只有做到专注的技术深耕，才能够不被理性的市场和消费者所淘汰，Pico 今后的发展值得给予更多期待和关注。

纵览 2017 年各路 VR 厂商在 CES 上的表现，似乎有不少人都感觉惊喜比期待中少，没有出现让人惊艳的"大招"。在某种层面上或许这也意味着，前两年一热再热的VR 终于回归了理性，而这才是能够让技术"脚踏实地"发展的正轨。

此次的 VR 展品中，虽然未见"惊世骇俗"的新品，但这些厂商在更具沉浸感的交互工具、更佳的显示效果、无线技术、轻便设计等领域的探索与深耕，反而让人看到了推动 VR 向消费级理性发展的希望。

几十年来，VR 本是人们在科幻电影中的想象，而如今Oculus、索尼、HTC 等高端 VR 头显已经出现在了商场的货架上。有理由相信，那些美好的"想象"，已经离人们很近了。

提出一个新颖的观点

我们曾提到，内容是散文类软文的核心优势，而观点则是体现内容的重要元素。一般来说，一篇文章若观点新颖便更容易引起读者的兴趣。但想要撰写一篇观点新颖的散文类软文并非易事，下面就让我们一起看看需要注意哪些问题。

写软文如同"做学问"

说到新颖的观点，我们必须先提到将其展示给读者的方式。毋庸置疑，当读者阅读文章时自然会了解到文中的观点。但"酒香也怕巷子深"，我们不能等待"愿者上钩"，而是要将新颖的观点作为吸引读者的手段，将其放置在文章的前线——标题之中。

对于如何撰写标题，我们在这里不做过多赘述，但需要注意的是，我们应避免成为"标题党"。此外，在写作过程中，也许你能找到一个十分新颖的观点，并以此为基础撰写出引人注目的标题，但只有这些是不够的，你还要找到支持这一观点的论据。换言之，撰写这种散文类软文就如同"做学问"一般。一个新颖的观点如果没有论据支撑只会变为"传言"，甚至"谣言"，造成文章可信度降低，使读者无法认可。毕竟这类文章通常旨在满足读者"获取知识"的需求，如果读者没有从文章中得到想要了解的内容，而只得到一个空虚的观点，必然会影响其阅读体验。

我们在撰写散文类软文时一定要挑选自己熟悉的内容作为文章主题，或查阅足够数量的资料后再行文动笔。文章撰写过程中须格外注意逻辑链的连贯通畅，使整篇文章能够环环相扣。因此，为保证文章逻辑的连贯性，我们大可在撰写此类软文时先列出提纲，力求给读者提供较好的阅读体验，从而提高其转发分享的可能性。

在具体写作过程中，虽然我们的论证不必像学术文章那样严谨，但其仍要做到有理有据。一般情况下，支持新颖观点的论据大多会出现在一些稗官野史中。此外，我们还可以从主流资料中的只言片语入手，以小见大，完成一篇观点新颖的文章。这类文章的构思方式与定点发散法异曲同工，不过撰写文章终须回归广告内容，即回归软文的本质。

在如今的互联网上，观点新颖的软文已成为散文类软文的主流形式，或较受欢迎的形式之一。在案例部分，你将了解一篇曾火遍网络的软文，是一篇关于知名画家文森特·威廉·梵·高自杀之谜的文章。

梵·高与支付宝的关系

梵·高与其作品是"文艺青年"们永恒的话题。2014年，微博知名博主"顾爷"发布了一篇名为《梵·高为何自杀?》的支付宝软文，一时间得到各方推崇，并成为2014年年度热门软文之一。该文章"网络化"特征明显，可谓新媒体时代的一篇极具代表性的软文。毫无疑问，这篇软文满足了读者"获取知识"的需求。对于作者来说，撰写这类软文最大的难点在于素材积累。如《梵·高为何自杀?》中关于梵·高与其弟弟提奥的通信、梵·高的弃商从艺的经历、其绘画风格与印象派的关系等内容,作者都应是已有所了解,不然在构思阶段很难想到这一主题。

整体看来,这篇文章的结构与我们撰写的《他是歌妓心里的宰相,皇帝眼中的小丑》极其相似,均是以一个知名人物为核心,以满足读者"获取知识"的需求为目的,以"峰回路转"为广告植入方式,讲述该人物的故事,最终通过产品特点引出广告内容。而《梵·高为何自杀?》中提到的诸多细节有可能是很多读者并不了解的事情,因此其更容易满足读者"获取知识"的需求。

较之我们笼统介绍柳永一生的文章,这篇《梵·高为何自杀?》的目的则更加明显:从"梵·高为何自杀"出发,谈到梵·高与提奥的通信,引出他的画商身份,并提出他弃商从艺,是在"下一盘大棋"。

做好一切的准备后,文章开始详细介绍梵·高的"大棋":梵·高如何通过介绍自己弟弟成为画商并经营印象派作品、自己选择领域与画风、为打造品牌而设计签名等各种"心机"的安排为自己铺平"爆红"的道路。

但在文章最后,画风突然一转:告诉读者梵·高在自己得到认可前十年自杀了,其原因是穷。随后,文章以此为契机撰写过渡部分，最终利用"峰回路转"的广告植入方式对支付宝进行宣传。

这篇软文之所以受到推崇，主要原因在于我们前面提到的"一般人不了解"的细节，即提出了特别的观点。这一观点并不局限于最后的结论，整篇略显"阴谋论"却有理有据的故事也是不可忽视的亮点。

最后，让我们来看一下该软文的排版风格（如图8－2）。

图8－2　《梵·高为何自杀?》排版风格

从图中不难看出，这篇软文的排版有着鲜明的网络化，或者说是新媒体化特征：不同字号、颜色，甚至字体的文字与图片进行混排；同时，用加粗体现重要内容、用灰色小号字体做图注也是网络文章作品排版的主流风格。当然，该软文的排版风格不同于如今多数发表在微信公众平台的排版工整的文章，其图文混排的效果略显凌乱。此外，其在排版中使用将部分内容以繁体字的形式展现，无形中会提高部分读者的阅读难度。但此事终究见仁见智，毕竟谁也无法指出真正完美的排版是什么样子的。

"另辟蹊径"的选题策略

与"毒鸡汤"类软文相似，散文类软文的写作模式也可利用"逆向思维"，从广告内容出发。如果广告内容为支付宝账单功能介绍，我们便应从"花钱"入手，以实现从文章主题到广告内容的流畅过渡。

选题方面，我们应尽量选择不常被人提及的内容作为主题，以保证文章的吸引力。比如说，我们可以选择李白作为文章主角，为读者讲一讲他是如何花钱的，最终将文章对接至广告内容。经过构思，我们可以撰写一篇题为《你和败家差了一个李白的距离》的散文类软文。

你和败家差了一个李白的距离

如今，很多人花一点钱就大呼"败家"。对此，我只能说："你和败家差了一个李白的距离。"

作为广为人知的"诗仙"，李白"举头邀明月，对影成三人"的浪漫主义、"恨无左车略，多愧鲁连生"的爱国情怀、"纵死侠骨香，不惭世上英"的任侠气概均为我们所熟悉，但其"剁手党"的本性却鲜为人知。

李白家境似乎不错，至少不用干农活或死读书，因此李白得以有钱有闲，游历全国。李白在《上安州裴长史书》说自己"曩昔东游维扬，不逾一年，散金三十馀万，有落魄公子，悉皆济之"。翻译成现代汉语，就是李白去扬州游历，不到一年就花了三十余万文钱，看到潦倒失意的读书人都要接济一下。要知道，在唐朝，金银还没有成为官方货币，人们日常生活中的主要货币就是铜钱。

那么，李白这三十余万文钱的概念是什么呢？唐玄宗时期，一斗米的价格是十文钱，一斗米约合 6.25 千克，换言之，李白在不到一年的时间里就花了可以购买 187.5 吨大米的钱。若是非要换算成人民币，我们按每千克大米 5 元人民币的价格计算，那么李白在不到一年的时间里花了 93.75 万元！

软文法则

据统计，2016 年上海市居民年均人均消费支出排在全国之首，为 37458 元人民币，约合 7.5 吨大米。在唐朝，身为布衣的李白竟然超出这一水平 25 倍之多！其实，我们无须用现代人的目光审视李白花出去的这三十余万钱，毕竟这一数字就算以唐朝的标准来看，也是个惊人的数目。

李白在翰林院供职时期，官拜翰林待诏，官阶六品。开元年间，六品官员的年俸约为 6 贯，合 6000 文；年禄为 95 石粮食，即 950 斗，约合 6 吨。按一斗大米十文钱的价格换算，李白不到一年就花了自己快 20 年的俸禄！

如果说这种出游并不能作为生活常态用以参考，那我们就看看李白平时的消费水平。其在《行路难·其一》中留下了"金樽清酒斗十千"的诗句，说自己喝的清酒一斗价值一万文钱，相比之下，我们再看看与李白齐名的杜甫。杜甫是出了名的"穷诗人"，其喝的酒，无论从质量还是价格上都被李白无情碾压。质量上，杜甫在《登高》中说自己"潦倒新停浊酒杯"，可见其喝的是浊酒，远不及李白喝的清酒。而价格方面，杜甫的浊酒只值每斗三百文钱。何以见得？在其《逼仄行赠毕曜》一诗中便有所载："速宜相就饮一斗，恰有三百青铜钱。"

面对李白这样的"剁手党"你还有何面目妄称"败

家"？幸亏那时没有支付宝，不然李白看到自己的账单，知道钱都花在哪了，并发现自己十年后的资产水平后，恐怕就会一狠心把酒戒了。这样一来他就无法"斗酒诗百篇"了，我们的文化生活中也会失去一抹亮丽的色彩。

附　录

常用网站列表

类别	网站名	网　址
长尾关键词搜索	词库网	http://www.ciku5.com/
	站长工具	http://tool.chinaz.com/
	词无忧	http://www.ciwuyou.com/
	挖词	http://www.5118.com/seo/search/word
微信排版工具	135微信编辑器	http://www.135editor.com/
	秀米图文排版	https://xiumi.us/
	i排版微信编辑器	http://ipaiban.com/
免费图片网站	Pixabay	https://pixabay.com/
	Gratisography	https://www.gratisography.com/
	Life Of Pix	http://www.lifeofpix.com/

（注：网站排名不分先后）